ケンカの作法

——批判しなければ、日本は滅ぶ

辛淑玉
佐高信

角川oneテーマ21

目次

第二章　ケンカができない日本の野党　辛　淑玉　43

第四章　尽きないケンカの相手　佐高　信　111

第五章　二世が日本を駄目にする　辛 淑玉　佐高 信　上野千鶴子　137

ケンカのまえに――わが友、辛淑玉

二〇〇六年一月早々、わが友・辛淑玉《シンスゴ》はアメリカへ飛び立った。一年ほど向こうで〝充電〟するらしい。そばで見ていても胸のすくような彼女のタンカをじかに聞けなくなったのは寂しいが、本当にいっぱいいいっぱい闘ってきた（つまり、ケンカしてきた）彼女には、やはり、ここらでしばしの休息が必要である。

男であるということだけで女より上だと思いたがる者や、言葉に自信がなくて、すぐに腕力に訴えるしかない者にとって、彼女はいわば〝天敵〟だった。とりわけ、石原慎太郎や石原に拍手を送る者にとっては、彼女ほど目ざわりな存在もなかった。

それらの女性蔑視《べっし》論者に共通するのは、女性に選挙権を与えたのはまちがいだったなどと言って、憲法を引っくり返そうとしていることだが、彼らは男性の私よりも女性の落合恵子に、そして在日の辛淑玉にはさらに激しく居丈高な声を浴びせる。その先頭に小泉単、純一郎とその支持者がいることは言うまでもない。尽きることのないそうした騒音を、彼女は全身でハネ返してきた。そんな彼女に私が勇気づけられることもしばしばだったのである。

私は「週刊金曜日」に「人物メモワール」を連載しているが、第一回の「わが師、久野《くの》※収《おさむ》」に続いて、二〇〇〇年六月二日号に「わが友、辛淑玉」を次のように書いた。

＊　＊　＊

「パンプキン」という雑誌がある。創価学会系の出版社の女性誌である。

そこで私は連載対談をやっていたが、その何回目かに辛淑玉さんを頼んだ。

私にとっては、辛さんはしっかり者の妹という感じである。その対談では、彼女を一瞬絶句させた。私が茶髪を好きになれないと言ったのに、彼女は次のように答えて、こんなヤリトリになった。

辛　あれは頭の自由化っていって欲しいの。だって、いま茶色だけじゃなくて緑も黄色も赤もあるじゃないですか。

久野収（1910〜99）　哲学者。京都帝大から戦後、学習院大の講師に。学習院大講師の時に安保闘争やベ平連運動で活躍。市民主義の立場を貫いた。

佐高　ぜんぶ嫌いなんだよ。

辛　じゃあ、白髪になったオヤジたちは許せるの？　黒に染めるなら許せるの？　それなんか「日本に同化しろ」っていうことと同じじゃない。

佐高　そんなこと言ってないよ。俺は染めるのはすべて嫌いなのっ。白髪の混じった女のほうがセクシーだもん。

辛　えっ！　すごい表現ですねぇ。

佐高　ちょっと絶句したろ（笑）。

辛　キーッ！　くやじい。

　セクハラすれすれというより、セクハラそのものと批判されかねない私の発言かもしれないが、そのとき私は「対談前記」にこう書いた。

　テレビ朝日の「異議あり！」に一緒に出たとき、小林よしのり※が「従軍慰安婦だったと名乗り出た人たちは、結局お金が欲しいんでしょ」と下劣きわまりないことを言った。

　それに対し、辛さんは、粟《あわ》立つ気持ちを抑えるように一拍おき、静かに反論した。私は

小林よしのり（1953〜）　漫画家。『おぼっちゃまくん』のヒットで注目を集め、『ゴーマニズム宣言』執筆を契機に論客として活動する。

見事だなと感服したが、番組が終わって小林たちが退席すると、辛さんはそのまま机に突っ伏した。ろくに応援できなくてごめんと言ったら、辛さんはさらに泣いた。以来、私は彼女を泣かせた男ということになっている。

最近、私のところにオドシめいた電話や手紙がしばしば来る。

そのことを「噂の眞相」にちょっと書いたら、すぐに彼女から電話が来て、「サタカさん、負けちゃダメよ」と励まされた。在日コリアン女性ということで、彼女のところには私以上にそうしたものが来るらしい。早速の電話に私は泣いた。そういう意味では、私と彼女は泣かし、泣かされの間柄なのである。

盗聴法反対運動から、石原慎太郎都知事の「三国人」発言への抗議まで、さまざまなところで彼女と同席するが、いつもその指摘にはハッとさせられる。

たとえば「君が代」に反対する教師が、どうして平気で「仰げば尊し」を歌わせるのかなどなど。

先日は※武谷三男《たけたにみつお》との親交に触れた発言で私を驚かせた。

わが師・久野収の親友ながら、私はついに武谷と会うことがなかったのだが、彼女は親

武谷三男（1911～2000）　物理学者・思想家。湯川秀樹らと「中間子理論」の研究をすすめ、後年は「死の灰反対運動」など核や原子力をめぐる運動に尽力。

しかったというのである。そして、最晩年、武谷を見舞った折りに、もう少し早く知り合っていたら恋人になったのにと言ったら、武谷が「今じゃダメなのかい」と答えたとか。まさにウーンである。

彼女も見事なら、八〇歳を超えた武谷三男の応対も見事。それを聞いて私は思わず唸《うな》ってしまった。

「弱い男ほど暴力を使うでしょ。今、家庭内暴力ってあるけど、もっと形を変えていくと軍国主義。戦争というのは口できちんと対応できない男たちのなれの果てだと思うんですよ。日本国憲法というのは軍事力を放棄しろということではなく、巧みな外交によって国際社会に啓蒙《けいもう》をはかり、口だけで国を守れといったわけ」

そのものズバリの日本国憲法・九条論である。

＊　＊　＊

辛淑玉はこの本のタイトルとして『やられたら、やり返せ』を提唱した。さすがにあまりにストレートなので、『ケンカの作法』に落ちついたが、要するに「泣くより怒れ」ということを二人で言いたいのである。

小泉純一郎は田中眞紀子（外相）のクビを切ったとき、田中が涙ぐんだら、女は涙を武器にするめいたことを言った。しかし、その小泉が特攻記念館に行って涙を流しているのである。それを見て、同年代の男たちを特攻で失ったある女性が怒っていた。泣くよりも、二度とあなた方を死なせるようなことはしないと誓いを新たにすべきではないか、と。
力を持った者は、力を持たない者たちに、泣くことは美しいなどと教え、怒りを忘れさせる。その手に乗ってはならないのであり、あくまでも「泣くより怒れ」である。怒りを持続させながらケンカをする方法を私たちはここで伝授した。

二〇〇六年四月

佐高　信

第一章　なぜ日本人はケンカをしないのか

辛 淑玉
佐高 信

一、批判なき「改革」は国民を殺す

「小泉語」の貧困さは靖国問題を混迷させ、弱者切り捨ての「改革」の原動力となった。〝信長気どり〟の小泉首相を、私たちは徹底して批判しなければならない。

●貧困な「小泉語」では恋愛もできない

辛　佐高さん、最近でいちばん不愉快だったことって何ですか？

佐高　もちろん、小泉純一郎以外にないでしょ。「最高のペテン師」だよね。小泉がやったことって、右翼を元気づけたことしかない。

辛　そう。彼は長い議員生活の中でたった二回しか靖国《やすくに》参拝に行ったことがなかったのよ。それが首相になったら急に行くようになって。何が信念よ。公的な立場の人がどのようにふるまわなければいけないかという基本がまったくなってない。

佐高　いちばん首相にしてはいけない人が首相になってしまったな。

辛　私が最近でいちばん頭にきたのは、中国で反日デモが起きたときの日本での報道の仕方。向こうではひどい反日教育が行われているってバンバン報道されたでしょ。日本のメディアは、一部の抗議行動を何度も繰り返し報道して、それが中国全土の状況だという印象を与えた。仲を悪くするための報道は本当にうまいよね。

　ごく一部の声を取り上げて、「反日愛国教育によって中国国民全体がむしばまれている」みたいな話にもっていくのには、裏があるように思えてならない。ナショナリズムを煽《あお》っていこうという方向性が見え見えだった。

佐高　かりにそれが反日教育というなら、八月六日にアメリカが広島に原爆を落としたと教えることが反米教育か、という話になってくるわけですよ。その辺の、裏と表というか、被害と加害とか、そういうのがわかっていない。ものすごく薄っぺらだ。

辛 世論操作のその薄っぺらさのレベルと、無知な大衆のレベルがぴったり合っているから、確信的なナショナリズムが形成されるのよね。

中国の政治だって最低で、抑圧はひどいし問題だらけですよ。加えて日本の政治とプロパガンダも無茶苦茶だから、双方で目を外に向かわせるようにナショナリズムを煽っている。

それによって民衆が分断される。お互いに手を取り合っていかなければならない人々が、バカな日本政府とバカな中国政府のために分断させられていくという構図ね。

佐高 まったくその通り。経済評論家としての私の立場から言うと、自由競争の原理で動く経済をディフェンスするのが政治なのに、小泉にはその発想がない。競争原理から脱落した人間は本人が悪い、自己責任だということになる。政治家がそれを言ったらお終《しま》いですよ。国民が自己責任で負えない部分をサポートするのが政治なのに、逆を向いている。

小泉に限らず、安倍晋三《あべしんぞう》であり麻生太郎《あそうたろう》であり中川昭一《しょういち》であり、二世三世の政治家はみんなそうだ。政治というものが何もわかってない。

辛　ブッシュも金正日《キムジョンイル》も二世。スポイルされて囲われて育った子どもの限界ね。彼らは世襲で受け継いだ特権に守られてノウノウとやっているけれど、そんな恵まれた境遇にいるのは国民のごく一部でしかないという事実がまったくわかっていない。

佐高　自分が自己責任で今の地位を得たかのように錯覚している。自己責任で国民が全部やれるなら政府はいらないのだから、政治家もいらないわけでしょ。そんなところから批判しなきゃいけないなんて、批判のレベルが低すぎる。

辛　「ちゃんとやってますか」と聞くと、「ちゃんとやってます」と答える。「どういう風にちゃんとやったか」と聞くと、「ちゃんとやったからちゃんとやったんだ」というような堂々巡りで、言葉がきわめて貧しい。政治家というのは言葉が命でしょ。言葉が通じなくなったら武力に走るしかない。

だけど日本の政治家は、言葉で人を感動させ、言葉で方向を示すということができない。小泉さんの言葉の貧困さ、稚拙さ、意味の無さ。しかもそれに自分が酔っているところが始末が悪い。あの人絶対に、死ぬの生きるのといったドロドロした恋愛なんかしたことがない男よ。

佐高　そう見える？

辛　絶対そうよ。

裏切られたら相手を刺してしまうかもしれない、というような、ぞっとするほどの愛情の絡み合いなんて、絶対彼にはわからないわよ。だいたい人間関係って複雑なものよ。一〇〇%好きとか一〇〇%嫌いっていうことはなくて、ここは好きだけどここは嫌いという風に入り組んでいる。国家との関係になったらなおのこと。

ところが彼の場合はスコーンと割り切ってるのね。靖国とか、特攻隊とか、愛国とか、すべてのものを美しく割り切っている。そしてその美しい枠に納まりきれないものには目が届かない。理念とはとても言えないレベルの枠ね。精神の世界で生きちゃってて、現実の世界で生きていない。そんな人が指導者になったら、人間というものをまったく理解しない政策を取るのは当然よ。

佐高　本格的に女性を口説いたことはないのかな。

辛　ないわよ。そんな面倒くさいことしたくないのよ。口説くって、つまり駆け引きじゃない。押したり引いたり、いろんな形で失敗と実験を繰り返すわけでしょ。そんな面倒くさいことを彼がやるはずがない。女なんて札束でひっぱたけばついてくる、という程度の発想よ。あんなの、金と権力を失ったら誰もついていきやしない（笑）。

●クールビズは政治家連中をよく見せる

佐高　小泉はリチャード・ギアに似てるって言われているじゃない。

辛　それって、佐高さんとトム・クルーズが似てるっていうくらい大それた話ね（笑）。どこが似てるのよ。ぜんぜん似てないわ、あんな筋張った男なんか。

佐高　俺とトム・クルーズのほうが似てるってことか。

辛　まだ近い（笑）。

佐高　小泉に限らず、ポスト小泉と言われている連中もみんなそうだ。中身がなくても強いことを言えばみんなついてくると思っている。

辛　小泉さんがやったことで一つだけ良かったことと言えば、クールビズね。あれは大賛成。あれやると、中身がない政治家連中がそのまま中身がないように見えるじゃない。今まではスーツやネクタイで騙《だま》されていたのよ。腹ボテの体とか、脂ぎった肌とか、スーツで隠されていたものが全部出てきて、いかにそういう枠の中でしか生きられない男たちだったのかということが、クールビズでよくわかった。小泉さんがいかに軽くて薄っぺらな男かということもまざまざと露呈された。だいたい、沖縄にあれだけの米軍基地を押し付けておいて、よく「かりゆし」なんか着られるものね。

要するに生活感がないのよ、あの人たち。軍服がないと生きていけないのよ。スーツって軍服の延長で、ネクタイは剣だからね。剣をはずして軍服を脱いだらただのデブ親父だったというわけ。

●靖国問題という〝絶好球〟

辛　先日、韓国の政治の中枢にいる人と食事をしながら話をしたとき、韓国では小泉さんの靖国参拝についてどう思っているのですかと聞いたら、大笑いして、本当に日本の政治家ってバカだね、って言うの。もうぜんぜん相手にしてないのね。

今、韓国は、人権をベースにした大国になることによって外からの侵入を防ぎ国家が生き延びる方法を模索しているところだと言うの。だから間違いなく軍隊をなくしていく方向に進むだろう、と。

そんな時代趨勢《すうせい》の中で、あれほど足をすくわれやすいことをトップがやるというのはバカでしかないって。

小泉さんの靖国参拝問題に韓国は政府として何らかの対処をしようとしているのかと聞

いたら、そんなのやるわけないって言うの。「あーぁ、日本がまたやってる」ぐらいの反応で、意識的に対処するほど価値のあるものではないという冷めた目で見ている。バカで稚拙な政治をまだやっているなあ、国際政治を知らないんだなあと、それくらいにしか見ていないのよね。

中国の対応も同じだろうって。靖国を持ち出したらアジアではいろんな形で敏感に反応する人がいるのはわかっているのに、わざわざそういう人たちに向かって何回も何回も同じ球を投げるというのは本当に政治家として稚拙だと。

佐高　ホームランを打ってくださいって絶好球を何回も投げるようなものだね。

辛　しかも、投げますよって言いながら投げるのよ。今度は八月六日に投げますからって。

佐高　外交なんて、相手がどう出てくるかわからないから、読み筋を見せないのが基本なのにね。

辛　ドラを持っていて、これ次に出しますと言ってるようなものだものね。あの人、麻雀もやったことがないいんじゃない。

●「信長嫌い」の作家・藤沢周平

佐高　ちょっと話が変わるんだけど、小泉って織田信長によくたとえられるじゃない。

辛　ヤマトの男たちは好きよね、織田信長。信長に豊臣秀吉、徳川家康、その三人が好きな経営者は信じてはいけないって、私は常々言ってるんだけど。だいたい、女性を活用しない時代の組織の長のノウハウが、今の時代にどれほど役に立つのか。

佐高　時代小説の作家というのは、たいてい困ると信長を書く。山岡荘八から始まって、津本陽、最近でいえば※加藤廣《ひろし》までね。経営本を書いていた人まで信長を書いて、書けばけっこう当たる。ところが、そういう中でただ一人、「信長嫌い」というエッセイを書いている作家がいる。

辛　誰？

佐高　※藤沢周平。

辛　あの人はいいのよ。私、あの人にとても伝統的、古典的な「日本人」を感じるの。縄文系の日本人と言えばいいのかな。品格のある、職人的な美しさを持ちえた日本人とでもいうか、あの人の作品には、義理と人情、浪花節《なにわぶし》といった、忘れかけた人間関係がきちんと等身大で描かれている。上からの視点じゃなくてね。

加藤廣（1930～）　中小企業のコンサルティングを中心に活動する経営評論家。2000年ごろより小説家としても活動。『信長の棺』が話題となった。

藤沢周平（1927～97）　小説家。'73年「暗殺の年輪」で直木賞。江戸の庶民や下級武士を描いた、端正な文体の作品はいまなお人気が高い。

佐高　義理と人情と浪花節。「GNN」なんて一くくりの概念で語られるけれど、これは本来は弱い者の立場に立った処世法だったのに、最近はこれが上から押しつけられるようになってきているのが気に食わないな。

辛　私が藤沢周平さんが好きなのは、東京から視線が離れているところね。それから、やられる側の視点に立っているということ。それがもっとも基本的な歴史観であるべきだという信念を持って書いているから、読んでなんかじーんときてしまう。

佐高　極端に言って、藤沢周平を好きな女の人はいるけれど、司馬遼太郎を好きな女の人はいないんだよね。あれは殺す側に回っているから。

辛　なんかキナ臭い感じがするのね。権力の臭いがする。

佐高　まあ、それはともかく、この藤沢周平が見事に書いてるんだよ。信長っていうのは、人をたくさん殺した人だ。ヒットラー並の大量殺戮者《さつりくしゃ》だと。

辛　フランス革命の※ロベスピエールみたいなものですよ。

佐高　カンボジアの※ポル・ポトと比べても、これだけ大量殺戮した人を自分は認めるわけにはいかない。殺される側にとっては、たまったものではないじゃないか、と書いているんだね。

ロベスピエール（1758〜94）　フランス革命期の政治家で権力を掌握後、恐怖政治を断行。多くの反対派をギロチンに送った。
ポル・ポト（1925〜98）　カンボジア共産党を率いて武装蜂起し国権を掌握。政治的反対者を虐殺し、内戦による死者は100万を超えると言われている。

辛　正しいね。

●〝信長気どり〟の小泉首相

佐高　そんな信長のファンが小泉でしょ。信長は改革者であるなんて言って、選挙も戦った。改革と言って人を殺してもいいのか。改革と言うのは、普通人を生かすものでしょ。人を殺して改革だなんて、本末転倒だ。さっき辛さんが言ったように、経営者がやたらと信長を持ち上げるわけです。経営効率のために人を切る。こんなに都合のいい「お手本」はないもの。

辛　経営者にとっては美味《おい》しいものね。日本の大手企業は戦争というアメリカの「公共事業」にちゃんとくっついて行ってますからね。一見軍事産業には見えないけれど事実上軍事産業になっているものがたくさんある。それが日本経済の中でも物凄《ものすご》い大きな部分を占めている。

佐高　郵便局なんかもね、あれは一種のライフライン、命綱の側面があるでしょ。その命綱を切っていくのが政治だ、それでそこに活力が生まれるんだという勝手な理屈を展開する。

辛　すべてを競争にしたいのね。政治というのは、どんなことがあっても弱者救済でなければいけない。だって経済が弱肉強食なのだから、政治まで弱肉強食になってしまったら弱者は永遠に救われない。にもかかわらず、政治を弱肉強食にしてしまった。世紀の愚かな政治ですよ。

　私の活動エリアでみると、その影響をモロに受けているのが「オンナ・コドモ」の分野なんです。

　さまざまな問題を特定財源から一般財源に変えようとしているでしょ。それで何が変わるのかというと、今までは特定財源で、国が地方に「これは女のため、子どものために使え」という風に金を渡していたのに、それが「この金の使い道はお前たちに任す」というやり方になったわけ。するとどうなるか。金を使う「お前たち」は男ばかりだから、道路とかそういうところにばかりばらまいて、弱い者をまったく救えない構造になっていくわけ。あげくの果てに、※エンゼルプランとかいう、わけのわからない「産めよ増やせよ」という政策に金を使おうとする。

エンゼルプラン　1994年にスタートした政府による子育て支援計画。2000年より、少子化対策を重点項目に据えた新エンゼルプランが実施された。

実際に叩《たた》かれたり泣いている人間のために金を使おうっていう発想がないのね。「あとは本人が努力しろ、競争社会なんだ」というわけね。

佐高　そしてそれを真似しているのが民主党ですよ。民主党のこのていたらく……私は自民党より民主党のほうが吐き気がする。だいたい、前の党代表の岡田克也《かつや》も信長ファンだったというのが気にくわないね。ほんとうだったら、アンチ信長でなくては。まだ、前原誠司《せいじ》党代表の〝鉄道オタク〟のほうがマシだよ（笑）。

〝政権準備党〟だなんて、ひどいものだ。〝政権前戯党〟ですよ。反対のための反対って、まさに彼らのことを言うんだろうな。あんたたちはどこへ行きたいの？　この国の社会をどのように持っていきたいの？　と思ってしまう。

辛　選挙のとき、彼らは年金で戦ったでしょ。民主党も社民党も。本腰を入れて反戦では戦わなかったのよね。

佐高　そう。

辛　これで日本の野党はもう終わった、と感じたね。だって、国は一貫して戦争にしむけてきたわけでしょ。日本の敗戦というのは「二度と戦争をしたくない」ではなく、「二度と敗戦国になりたくない」というのが本音だった。

だから朝鮮戦争から始まって、ベトナム戦争、湾岸戦争、アフガニスタンでの無差別殺戮、そしてイラクと、アメリカの戦争にずっと協力してきた。その結果、イラクにいた香田証生《こうだしょうせい》さんが、日本人だというだけの理由で殺された。この事件こそ、日本が戦争に加担していることとの明確な証拠じゃない。それなのに、どの選挙でも野党から「反戦」がテーマとして出てこない。反戦ではもはや選挙は戦えないと思っている。

野党だけではなく、国民そのものに、戦争は現にそこに起きている切実な課題だという認識がない。

佐高　国民の側に、「騙されたい、騙され続けていたい」という意識が根を張ってるんだろうな。騙されているのだから、自分には責任がないと逃避する。本当に末期的だね。

二、自分で考え、批判せよ

「代弁者」にすべてをゆだね、「頑張って」と繰り返すだけの人。東条英機《とうじょうひでき》の「戦陣訓」の亡霊が根を張り、日本人は自分の頭で考え、批判をすることができなくなった。

●「反戦平和運動家」の三つの反応

辛　今の日本には、本気で声をあげて権力と戦おうという姿勢が見えない。野党だけではなく、それは反戦平和運動など反権力を標榜《ひょうぼう》している人たちの間でも、切実な問題意識が欠けているように思えてならない。

ここ数年、「反戦」とか「平和」を標榜する人たちの集会で、とくに目に付く反応がある。

一つは、今の日本の現状について語ると、事実を突きつけられてパニックになる人たち。「こんな話を聞きたがるなんて、日本人はなんて自虐的なんだ」と、うろたえたり怒りをぶつけてくる。問題を解決していこうという発想に転換されない。

次は、「辛さん、怖くないですか。気をつけてくださいね」という脅迫組。そんな風にみんなで脅迫しあって、自分は何もしない。

そしてもう一つは、「あなたは（有名人だから）こうすべきだ」と説教する人たち。

この三つのいずれか、またはすべてを必ず投げつけられる。

佐高　そんな講演のあとの質問って、ろくなのはないね。自分でしゃべる自己顕示型か、「あなた、私の話をお聞きになっていなかったんですね」と言うしかない、質問になっていない質問。このどっちかだ。

辛　それで最後は「頑張ってください」と来る。

佐高　多いね、「頑張ってください」が。

辛　こういう反応は日本だけですよ。アメリカで講演したときは、「あなたのしゃべった話のこの部分を、私はこういうふうに受け止めた。私は今こういうことをやっているから、この話をこういうふうに使いたい」と具体的に吸収してくれる。

韓国で講演したときは、さっきまで台所仕事をしていたような年配の女性が、「あんた一人に石原慎太郎と闘わせて本当に申し訳ない」と言う。

そんなこと、日本では言われたことがない。もう一人は、盧武鉉《ノムヒョン》のことを、「あんなバカな大統領を選んでしまってごめんね。次は落とすから」と言うの。みんな自分の問題として受け止めてくれる。

「頑張ってください」なんて曖昧《あいまい》な言葉は、タイでもシンガポールでもヨーロッパでもオーストラリアでも、一度たりとも言われたことがない。

佐高　だいたい、革新の運動を鼓舞する講演会なのに、座席は前から埋まっていかないのね。後ろに座ってぐじゅぐじゅ言ってる。そんな後ろ向きの姿勢では、相手は二倍も三倍も逞《たくま》しいのだから、戦っていけませんよ。

辛　それで、壇上の人に向かって「頑張ってください」だなんて、意味の無い声をかける。なんで選挙権もなく、憲法からも排除されている私があなたのために頑張らなければいけないんだ、私は私の問題として頑張るんだ、私は人に何とかしろと言ったことはないぞ、と。

●「皆様の代弁者」が候補者の口癖

佐高　自分で考えようとしないという傾向は、いわゆるインテリ、エリート階層に属する人たちにも蔓延《まんえん》している。講演で、何かの課題をバーンと丸投げすると、落ちつかない。「教えてください」とか言うんだよ。

辛　そうですね。ある大企業の、院卒の研究者ばかりを集めた研修会で、私がアドリブで新しい設問をしたら、まったく答えられない。

佐高　研究できないんだ。

辛　過去の定理とか公理を積み上げてやっていくことはできるのだけど、私が違う発想でバーッと質問していくと、頭が真っ白になってしまうのね。自分の考える分野からはみ出すと何も考えられない。そして一時間半の講演を終えたらクレームがきた。「正解は何ですか」って。「正解は自分で考えたら」と言ったら、「あなたは講師として能力が低い」ですって。つまり、いつでもどこでも答えを出してもらわないと気が済まないのね。

佐高　答えが無いということもあるんだ、ということにまで考えは及ばない。

辛　私が研修を始めるようになったとき、私はこう思っていたの。私は考えることが好きで楽しいから、私がたくさん想像力を発揮してみんなに働きかけ、みんなも自分たちの意見をどんどん出してくれたら、創造的な時間を持てて、みんなも喜ぶと思ったの。

ところが、まったく喜ばれなかったのね。彼らはただ解答が欲しいわけよ。教師の言うことを忠実にコピーするのがいい学生だからね。担当教授に好かれるというのはそういうことだもの。だから、自分たちで創り上げていくという鍛練も訓練もできにくい。あがく力も育たない。戦い続けているからこそ力がついてくる、という発想もないのよね。

佐高　そう。それで、責任を預けられるわけだ。講師が言ったから俺はこうしたんで、これは俺の責任ではない、となる。問いかけられて自分で何とか答えを出したら、自分の責任になってしまうから、それを避けようとするわけね。

辛　つまり、誰かに責任をおっかぶせて、誰かの側にいることによって自分は動いていると思い込みたいのね。一個人として自分の意志で生きていくという意識が欠落している感じがする。

佐高　あなたの人生はあなたの人生。あなたの人生を俺が生きることはできないというのは、当たり前のことなのだけれどもね。

辛　エリートの人と一緒になると、本で知識を身につけた人はすぐにわかる。己の言葉で語らないから。私なんかは体験を通して勉強してきたのだけれど、知識人は過去の知識の集積で身を固めている。だから、あなたの体験と、あなたの思いと、あなたの心から発する言葉はないのか、と反問したくなる。

佐高　本は二次、三次のものであって、体験にまさるものはないからね。

辛　話は飛ぶけれど、このことは野党の選挙戦でも感じるの。「皆様の思いを国会に持って行きます」ってよく言うのね。違うだろ、お前の中に課題はないのか、お前の中に怒りはないのか、お前の中に問題を越えていこうという意思はないのか、って歯痒《はがゆ》くなる。お前は代弁者になるつもりなのか。

佐高　「皆様の代弁者として」というのは、候補者の口癖だからね。

辛　だけど、代弁者は逃げるからね。必ず逃げる。自分でこれは絶対という確信的な意思を持たない限り政治はできない。人の代弁なんかでは無理。自分の課題を越えていくから政治家なの。そこに自分のモチベーション、動機づけがないと駄目なのよね。

●国会議員だからオッパイを触る

辛　頭にきたと言えば、ちょっと前に六本木で女性に抱きついてオッパイ触った国会議員がいた。あの人の言い訳が凄《すご》かったよね。「客引きかポン引きかと思った」だって（笑）。客引きなら胸をわしづかみにしていいのかって、とんでもない話でしょ。

あれは、それぐらい国会議員の質は悪いということを証明した事件ね。でも、あの人はそれほど社会的糾弾を受けなかった。理由は簡単。「国会議員なんて、そういうことをやるもんだ」とみんな思っているからよ。

佐高　国会議員にもともと期待してないものね。

辛　政治家に期待していないという意識の現れが、みんなの無関心なのね。その無関心のせいで、政治はよけい暴走している。

佐高　あの事件に関して言えば、かりにその女性とセックスしたいと思ったなら、口説くとか何とか、それなりの過程を踏まなければいけないのに、それをすっ飛ばしてしまった。そして、政治の世界で同じことをやっているのが小泉なんだ。過程をすっ飛ばしていく。

辛　すっ飛ばしたよね。ぐちゃぐちゃしたものはみんな嫌いなのよね。

佐高　面倒くさいのが嫌いだし、それに勉強していないからけっこう迷うらしいんだ。こっちから言われると「そうかな」、あっちから言われると「そうかな」と右顧左眄《うこさべん》する。だから全部聞かないことにしたっていうんだ。実におそまつな決断の仕方だね。

●東条英機の「戦陣訓」の亡霊

辛　イラクで香田証生さんがテロリストに捕まった事件があったけど、小泉さんがイの一番に言ったことは「自衛隊は撤退させない」という発言だった。お前、一度でいいから警察に行って、誘拐事件解決のノウハウを初歩の初歩から勉強してこい、と思ったわよ。政治は巧みな駆け引きを駆使しなくてはいけない。「やります、やります、何でもやります」と時間稼ぎをしながら、裏取引をして命を救うのが交渉というものでしょう。

ところが小泉さんは、バカの一つ覚えみたいにアメリカに向かってゴロニャンしながら、「自衛隊は撤退させません」と颯爽《さつそう》と宣言した。結局あれは香田証生さんに対する死刑宣告ですよ。宣告したのは小泉さんで、執行したのがテロリスト。両者には共通項があった。殺してもいい命があった、ということね。

こんな政治家に任せておいていいのか。郵政私企業化（民営化）にしたって、国労の例を見ればわかるじゃない。国鉄を私企業化したとき何をやったかといえば、権力に逆らった者はみんな切っちゃったでしょ。その延長線じゃない。

佐高　香田証生さんに対しては〝死刑宣告〟して、外人部隊上がりの国際ガードマンのときには、あれはアメリカ側についていた部隊の一員だったから、積極的に助けようとした。実に露骨だ。

そして、もっと情けないのは、小泉のこのやり方に国民は騙されて、なんとなく受け入れて、その風潮に乗ってしまっていることだ。

辛　だからイラクから人質が解放されて戻ってきたとき、「自己責任」という言葉を金科玉条のように振りかざして、生きて帰ってくるのは許されないという風潮が社会の隅々にまで行き渡っていった。これは東条英機の「※戦陣訓《せんじんくん》」の亡霊ですよ。その風潮は雑草の種のようにばらまかれて、見事に根を張った。その根からいっぱいエキスを吸って小泉が権力を肥え太らせていく。

同じ騙され方を何度も何度も繰り返す日本の人たちは、何も学習していない。

佐高　今の若い人たちは、むしろ自分たちと同じレベルになったと親近感を持っている。

辛　政治が自分にとってわかりやすくなったと思っているのね。そんな簡単なものではない、ということがわからない。だから過去の歴史を知ろうとしないし、知れば「自虐的

戦陣訓　1941年1月に東条英機陸相が全陸軍に通達した訓諭。「皇軍道義の高揚」を目的とし、「生きて虜囚の辱を受けず」の文言はとくに強調された。

だ」と忌避する。物事を乗り越えて解決しようという力も意思もない。つまり理解することを放棄している。面倒なことは放棄して、俺はこれでいいんだと思い込もうとしているのよね。

　だから、脆弱《ぜいじゃく》な世界だよね。でも、脆弱な世界って、脆弱な男と一緒で、言葉に詰まったら殴るしかないということになる。暴力は、言うことを聞かせるという意味では最強のコミュニケーション手段なのだから、この国は暴力を振るいますよ。間違いなく。

第二章　ケンカができない日本の野党

辛　淑玉

批判も怒りもない野党に政治は任せられない

野党は与党の行動を監視し批判するのが使命のはず。だが、今の民主党や共産党にはそうした姿勢は見られない。期待できないのは与党だけでなく、野党もである。

●匿名の攻撃者たち

ここ数年、インターネットというサイバースペースの中で、すさまじいバッシングの嵐が吹き荒れている。たとえば掲示板の書き込みなどでは、女、外国籍住民、被差別部落民、学歴の低い者、障害者、セクシュアルマイノリティといった、いわゆる社会的弱者が、匿名の陰に隠れた卑劣な差別発言のターゲットにされている。

しかし、この匿名の攻撃者たちがけっして叩《たた》こうとしない対象が、日本人で、若い男で、そして高学歴の貧乏人である。つまり、彼らこそが、こうした攻撃者たちの正体なのだろう。

学歴は高いのに正社員にはなれず、職についても高い収入は得られず、不安定な身分を強いられ、ときには彼らが見下す女や外国人や障害者などより低い位置に置かれることさえある。そうしたことへの怒りのマグマは、バブル崩壊後着実に蓄積されていたに違いない。

近年、少しずつ積み上げられてきた社会的弱者に対する人権擁護や社会的地位の改善政策がもたらした、わずかな生活のゆとりや人間らしい暮らしですら、これらの人々にはいらだちのもととなるのだろう。

一九六〇年代、アメリカで成立した公民権法によってアフリカ系アメリカ人の地位が多少向上したことに激しい憎悪を抱く、いわゆるプアーホワイトの存在がその後政治的に注目されるようになったが、ネット上で、憎悪をむき出しにする攻撃者たちは、いわば日本版プアーホワイトとでも呼べばいいのだろうか。

●プアーホワイトの怨念

多くの政治学者が分析するところによれば、二〇〇五年の総選挙での投票行動の特徴は、従来自民党支持者ではなかった層が自民党に投票していることだという。この中で私がとくに注目しているのは、都市で生活する未組織の事務系労働者やサービス業に従事する若年労働者たちの存在である。

彼らは、中小企業で働く下層サラリーマンや非正規雇用の店員など、相対的に低い地位に甘んじている都市大衆だ。

いわゆる社会的弱者には、自分たちの権利を少しでも前進させるために政治に敏感で、活発に社会的な発言を行う傾向があるのに対し、これら日本版プアーホワイトたちはほとんど政治に関心を示さない無党派層として消費主義に徹してきた人々だ。

しかし彼らには、組織された労働者である公務員や大企業の正社員たちに対する、ある種の怨念《おんねん》がある。

彼らの目には、正規雇用者とはまぎれもない特権階級、自分たちの雇用を守るための調整弁として彼らを使い捨てにし、経営者と共に踏みつけにしてきた者たちに見える。

そして彼らにとって労働組合とは、正規雇用者のためだけの雇用確保機関であり、特権階級にサービスを提供することしか考えず、経営者とも闘わない、単なる互助会的組織でしかない。

本来、非正規雇用の労働者たちにとっても、労働組合は自分たちの地位を改善するために必要な共通の社会資源であるはずだ。しかし、そのような認識を持ち、地域社会の再生やパート、アルバイト、派遣労働者などの雇用や人権を守るために踏ん張ってきた労組は、私の知る限り、ごくわずかしかない。

未組織の都市大衆の目に映る労働組合は、自分たちと仕事を分かち合ってくれる組織ではなく、むしろ経営者の代理人に近い。そしてリストラや契約労働の拡大などによって雇用環境が激変し、非正規雇用が多数派となった今日、組織化された労働者は、かつてとはまったく違う意味合いを持つ特権的存在となってしまった。

このとき、小泉劇場という政治参加の舞台に久しぶりに登場し小泉政権の圧勝を支えたのは、これら日本版プアーホワイトたちの怨念だったと言っても間違いではないだろう。小泉首相の「改革」は、特権的労働者をそのぬくぬくとした地位から引きずりおろし、自分たちと同じ惨めさを味わわせてくれるに違いない。彼らはそう思ったのではないか。

その象徴としての生《い》け贄《にえ》が「公務員」であり「郵政」だった。

小泉首相は今回の総選挙で大衆の怒りを巧妙につかみとった。そして、暗い後ろ向きのねたみやそねみ、他人の不幸を願う感情を見事に組織化し、操作することに成功した。かつて政治ともっとも縁遠かった人たちが自民党に投票した結果、未組織の無党派層が多い都市部の小選挙区では民主党は総崩れになり、東京都内の二五小選挙区で議席を確保できたのは、菅直人、元民主党代表だけだった。

●「国会議員」という就職先

まがりなりにも大衆の「怒り」を組織できた自民党に比べ、民主党にはそもそも「怒り」というものがなかった。

民主党の候補者には、思想信条から党を選ぶのではなく、出馬させてくれるならどの党でも構わない、自民党から公認がもらえれば自民党からでも出馬する、という人が少なくなかった。彼らの多くは、「みなさんの声を国会に」などと耳触りのいい言葉は並べても、自らの中に越えるべき課題や問題意識を持ってはいないように思える。

彼らには、かつての労働運動家のような激烈な労働争議の経験もなければ、過酷な差別と闘ってきた体験もない。むしろ、政治エリート養成機関である松下政経塾や大新聞の政治記者などを経て、体のいい就職先としての「国会議員」を目指す権力志向というのがおおかたの実像だろう。彼らの顔ぶれを見ていると、「ここは自民党か⁉」と思わず目を疑いたくなる。

そもそも、バブル崩壊後の日本社会では、富裕層ともっとも所得の低い層との一六八倍という所得格差を見るまでもなく、ごく一部のいわゆる「勝ち組」と大多数の「負け組」との間で完全に利害が対立している。にもかかわらず、「みなさん」という共通利益が存在しているかのように語るのは一種の詐術であり、実は彼らが誰の利益も代表していないことの証拠だろう。

●野党政治家の使命とは

政治家とは、財と資源の再配分にかかわる職業である。

だから野党政治家にとっては、弱者のために税金を使うことがその使命だと言ってもいい。高度成長期でもないのに「全員に富を配分します」などというのは嘘だし、だからこそ、誰から利益を調達し、誰に配分するのかをはっきりさせるべきだったのだ。

自らの栄達にだけ執着する候補者ばかりが目立ち、真の怒りを失った政党が、無党派層の心をつかめなかったのは当たり前だ。

そしてこの点では、他の野党も五十歩百歩だった。

民主党も、社民党も、共産党も、もはやその支持者層は、今日の日本社会では怒りを失った人々が大半だと言っても言い過ぎではないだろう。

民主党は闘わない組合の集合体「連合」に代表される組織労働者によって支えられ、社民党や共産党支持層の中核は、地位や給与において相対的に優遇されている専門職・技術職たちが作る労組や団体だと言われている。

かつて社会主義政党は、苦しみにあえぐ労働者の怒りを組織しようとした。なぜ自分たちは貧しいのか、なぜ生活ができないのか、そうした目の前の具体的な問題から社会変革を考えた。それを考えなければ明日のメシが食えなかったし、生きていくことができなかったからだ。

しかし、時がたち、物質的に豊かになっていくと、自分たちの周囲にある貧しさは見えなくなった。日本社会の成長の背後には、移住労働者をはじめ一票にならない人々の奴隷状態が歴然と存在していたが、そのような問題は見向きもされなかった。そして、多くの野党は、自民党と競い合うように、中流階層のための福祉やまちづくりの政策で票をかき集めようとした。

「怒り」ではなく、耳触りのよい、都会風でなんとなく知的な響きのする「政策」とか「マニフェスト」といったフレーズがいつの間にか野党の常套句《じょうとうく》となった。たとえば「国際交流」と称して、欧米系の白人の子どもたちが野党のイベントに並ぶという光景もよく見かける。私もそんなイベントに何度も駆り出された経験がある。そして、そんなイベントの主催者は、英語を話すこととイコール多文化共生だと錯覚しているようだ。

しかし、東京都区部で生まれてくる子どもの一六人に一人が外国籍住民の子どもだという現実（二〇〇四年、厚生労働省統計）には、彼らの目は届かない。彼らは、真に求められている「足元の国際化」のことなど、考えもしないだろう。野党には、もっとも切実に力の結集を求めている人々が見えていないのである。

民主党には、表面的には女の味方であるというふりをする男性候補者が去年の総選挙でも多かった。しかし、彼らの日常の政治活動を見れば、本音のところでは自民党と変わらない女性観を持っていることがわかる。たとえばＤＶ（ドメスティック・バイオレンス）をはじめ、さまざまな女性に対する暴力を防止したり、被害者を保護したりするための法律は、当事者である女性の運動団体や超党派の女性国会議員らが手を取り合って勝ち取ってきたものばかりだ。男性の民主党政治家たちが、そのような法案の成立に主体的に関与したことはほとんどない。

●毒饅頭に食らいついた女たち

だから、去年の総選挙でも、民主党がトロトロしている隙に、女に媚《こ》びながら、実は女を食い物にする小泉首相に完全にお株を奪われてしまったのだ。

このときの総選挙で、小泉執行部は郵政民営化に反対する議員たちの選挙区に多くの女性候補者を「刺客」として差し向けた。しかし、地方議会では男女共同参画に対して徹底的にバッシングをしているのが自民党である。一方ではあたかも女性を活用するかのように女性候補者を祭り上げておいて、他方では男女共同参画を妨害するこのようなやり方はまったくのダブルスタンダードである。

とはいえ、男性中心社会の中にあって、政治家になりたいという野心を燃やしながらも機会の不平等に泣いてきた女たちにとってみれば、自民党だろうが民主党だろうが自分を推薦してくれる政党ならなんでもよかったのだろう。野心はあるが、政治家になって何をなすべきかという志のない彼女たちにしてみれば、自分を活用してくれる力のある男につくほうがいいに決まっている。

弱者が弱者を助けられないように、女が女を助けることにも限界がある。だから、男に差し出されたそれがたとえ毒饅頭《まんじゅう》であっても、食らいつく女はごまんといる。小泉首相は、都市大衆の抱く怒りと、女性候補者たちのなりふり構わぬ上昇志向を巧みに操って、大量得票に成功したのである。

大衆の抱く、暗くてどろどろとした怒りは、それ自体ではけっして生産的なものではない。それは、いわばニーチェの言うルサンチマンに過ぎない、抑圧された怒りなのだ。しかし、それを野党が組織し、政権交代につなげてやることで、政治には躍動感が出て、怒りは社会改革へとつながっていく。

ところが去年の選挙では、野党が大衆の怒りを組織できず、逆にメディアを意識した巧みなレトリックを駆使する小泉首相の大衆操作が、大衆の怒りを自民党に流し込んでしまったため、政権交代どころか翼賛政治のような与党の安定多数を出現させる結果となった。

この行き着く先に待っているのは、おそらく政治全体の停滞と退廃だろう。小泉チルドレンと称される、中国の文革における紅衛兵さながらの新人議員たち、とりわけ、しつけの悪い若手議員をめぐるゴシップは、この退廃現象を象徴している。そして、こんな議員のゴシップに飛びつくマスコミは、この翼賛体制的退廃をよりいっそう抜き差しならない事態に追い込むのに手を貸していることに気づいているのだろうか。

●都市底辺の大衆に目を向けて

小泉政権のもと、今後も継続される新自由主義的な構造改革路線は、去年の総選挙で小泉を支持して一票を入れた未組織の都市下層の大衆たちをさらに追い詰めていくのは火を見るより明らかだ。

このままでは与党に流れ込んでしまった大衆の怒りはさらにどろどろとした暗闇を作り出す。だからこそ、その怒りがけっして政権に向かわないよう、公務員の次には資格外就労の移住労働者、外国籍住民、そして、さらには日本人のナショナリズムにとって挑戦的な存在に映る中国、韓国・朝鮮（朝鮮民主主義人民共和国）がターゲットとされていくだろう。総選挙のあと、強行された小泉首相の靖国参拝は、このような戦略から周到に紡ぎ出された次の一手に違いない。

不安を煽《あお》り、ターゲットを決めて大衆操作する手法はすでに石原都知事によって何度も実行され、その効率の良さは実証済みだ。失われた九〇年代の間に既得権から引き剝《は》がされた「男」たちの怒りの暴走は、彼らが「民族の神話」にしがみつくことによってさらにエネルギーを増すことになる。「××人がいるから、俺たちの仕事がないんだ」「日本人の俺たちの職を奪うな！」……。

このような状態が続けば、ろくなことにはならない。醸成され続ける排外主義は周辺アジア諸国、とくに中国との無用な争いを生じさせ、日本の国際的孤立をいっそう深めるだろうし、社会的弱者への攻撃は、さらなるセーフティネットの弱体化を促進し、攻撃している当人を含む大多数の人々の困難をより深刻化させていくだろう。

そういう最悪の事態を避けるためにも、野党は人々の怒りを自民党から奪い返し、再度組織化すべきなのだ。

●松下政経塾出身のエリート改憲論者

しかし、民主党が新たに選んだ代表は、「強さ」志向で、※松下政経塾《まつしたせいけいじゅく》出身のエリート改憲論者だった。親の看板と後援会の地盤に支えられた二世三世議員とは異なるものの、かつての野党指導者のようなドブ板を踏む根性もなく、争議の実戦で鍛えられているわけでもない。カッコは一人前だが、エリート人脈と政経塾の看板が頼りという、線の細い印象ばかりが目につく。

改憲論者を党の代表に選んだ民主党の議員たちは、小泉首相と渡り合って沈没しても、

松下政経塾　松下電器産業の創始者・松下幸之助が「新しい国家経営を推進していく指導者育成」を目標に、私財を投じて設立。３年間全寮制で学ぶ。

とりあえず党としてダメージの少なさそうなその場しのぎの弾除《たまよ》けを選んだだけなのかもしれない。しかし、そこに完全に欠落していたのは、今回の人選が、弱者に優しいハト派という民主党のイメージをかなぐり捨てたという印象を内外に与えたということである。そして、それはとりもなおさず、民主党が国際社会、とりわけ近隣アジア諸国からの視線に鈍感になったことを意味している。

前回の総選挙における民主党の躍進は、小泉政権の暴走への歯止めとなることへの期待からだった。だから民主党は周辺野党の票を食って勢力を拡大できた。しかし、今回の代表選挙の結果によって民主党は所詮《しょせん》自民党の亜流というイメージがいっそう広がっていくだろう。今や民主党のボンたちは、自民党が作った土俵に自ら乗って、自民党お得意の改憲論や、「民主党は労組を切るべきだ」といった議論を始めている。大阪の口の悪い友人たちの言葉を借りれば、「救いようのないアホ」である。民主党は自分で自分の化けの皮を剝いでしまったのだ。

「戦う野党」を掲げながら、わざわざ自民党と同じ土俵に上がって「対案」を出すという稚拙さ。自分から単なるリトル小泉となってどうするのか。

政権党の政策に反対するという行動は、必ずしも「反対のための反対」ではない。また、対案がなければ反対してはいけないということでもない。そもそも自民党は、対案を作るために必要な情報を自分たちで独占し、対案を作れないようにしておいて、対案を出さないからダメだと言っている。これでは、男子トイレしかない公衆便所を作っておいて、女も立っておしっこしろと言うに等しい。こういうのをレトリックというのだ。

●民主党の〝土俵〟はどこだ

今、野党とりわけ民主党がなすべきことは、自民党の土俵に上がって自分たちの足腰である支持勢力を切ることではない。そんなことをしても、組織労働者をねたむ都市大衆に一時的に溜飲《りゅういん》を下げさせる程度の効果はあるのだろうが、それが彼らに何の利益ももたらさない以上、結局は意味のないことである。

そうではなく、民主党は、自分たちの土俵、つまり、弱者の視点に立った、「生活防衛、福祉の充実、所得の公平な再配分、環境正義、足元の国際化」で政権と真っ向から勝負すべきなのだ。そのためには、もっとも怒りをため込んでいる非正規雇用の都市労働者の組織化という困難な課題に取り組まなければならない。

都市労働者の再組織化こそが急務なのだ。

追い詰められた都市底辺の大衆は、自らの悲惨な状況を理解することも言葉にすることもできず、「改革」という嵐の中で潰《つぶ》されようとしている。この困難こそが今日の悲劇の元凶なのだ。逃げ場のない彼らの怒りを表現する、正しい「場所」と「方法」を用意することこそが野党政治家の使命なのである。

女で、学歴もなく、選挙権もなく、「国民」ではないとして憲法の人権規定からも排除され、無権利状態のまま放置されてきたマイノリティの一人である私にここまで言われて、民主党の政治家諸氏は少しでも恥ずかしいと感じてくれただろうか。

今後のためにも、ぜひ顔を洗って出直してきてもらいたいと思う。

●「自己チュー」むき出しの日本の政党

土井たか子氏が党首となってマドンナ旋風が吹き、社会党が大躍進したなつかしい時代から、「郵政民営化」を叫んで刺客チルドレンたちが小泉劇場で大立ち回りをした去年の総選挙に至るまで、十数年間に実施された国政選挙・地方選挙で、公式・非公式を問わなければ、現在の与野党はもちろんすでに消滅した政党も含めて、私は六つの党から出馬依頼を受けたことがある。

しかし呆《あき》れたことに、出馬依頼をしてくる政党関係者の大半が、私には日本国籍がないということを知らなかった。そして、私が韓国籍だと知ると、彼らは決まって大袈裟《おおげさ》に驚き、落胆の色を隠さなかった。そして、「民族心があって日本が嫌いだから国籍を取らないのか」と問うてくるのである。

あまりにも稚拙なその発想と、歴史的事実への認識の希薄さにめまいすら覚える。彼らは、日本政府がかつて日本の一部として支配していた旧植民地の出身者とその子孫に何世代にもわたって市民権を与えず、「外国人」とすることであらゆる権利を奪っていること、そして、そのようなことをしているのは世界中で唯一日本だけだということすら知らないのだ。

私は、好き嫌いで国籍を選択しているわけではないことや、日本における旧植民地出身者の歴史を懇切丁寧に彼らに説明した。しかし、私の話を聞いたあとでも、彼らはひたすら「あなたが日本人だったら（候補者にできたのに）……」と残念がるばかりなのだ。彼らが政府の反人権的政策を批判したり、我が党ならどのように現状を改善するかといった政策の話をしたことはほとんどない。

そういう政党人の姿を見ていると、日本の政党というものがいかに政治理念や政策に関心がなく、自覚の勢力（議員数）拡大に奔走するだけの自己チューな存在であるかを感じさせられて、深く失望せざるを得ない。

もちろん、そのような組織エゴは政党だけではなく、この社会のあらゆるところにはびこっている。たとえば、私たち在日に関係の深い民族団体もその例に漏れない。

本来、社会から排除されている同胞の権利擁護を求めて組織されたはずの民族団体ですら、その現状を見ると、経済的利益第一主義の単なる事業体となってしまった感がある。マイノリティの人権のために何かしようという高邁《こうまい》な思想信条などもはやなく、そこにあるのは、ただ自分の生活の糧が確保されればそれでよいという主張だけのように見える。

とにもかくにも「お家」が大事。冷戦体制が崩壊して以来、世界レベルの変動に翻弄《ほんろう》され続けているこの日本では、あらゆる組織がそうした自己チューなエゴむき出しになってしまったように思えてならない。

そういう視点から政党を見ると、この国の政党のリアルな姿が見えてくるのではないか。誤解を恐れずに言えば、私の目には、日本の政党は国会議員の互助組合でしかないように見える。つまり、議員たちが収入と地位と事業資金を確保して生き残っていくための組織にすぎないということだ。

●国会議員と「終身雇用」

国会議員という職業は、日本で唯一、安定性のないエリートの職である。

年功序列終身雇用制度は崩れつつあるといっても、今の日本の実情は欧米とは異なる。官僚も、上場企業のビジネスマンも、エリートたちは実は終身雇用制度に護られている。日本のエリートたちは、佐高さんの言葉を借りれば、いまだしっかりと終身雇用の「社畜社会」の中にいると言ってもいいだろう。

そのような日本社会で、エリートでありながら終身雇用が保証されていない希有な職業が国会議員なのである。

欧米で発達してきた近代民主主義とは、農村の封建領主への帰属意識ではなく、都市のギルド（職能集団）への帰属意識を中心として築かれた欧米の市民社会を前提に発展してきたものだ。それは今日でも欧米の市民社会に生きる人びとのメンタリティーに深く刻まれている。

たとえば、特定企業への忠誠心より、自らの職能を重視する意識が高く、自分の職能が発揮できるならどの企業で働いてもよいという意識などはその典型だ。こういう意識が、就労に関して流動性の高い社会を支えてきた。ひとつの企業を辞めてもまた次の就業機会があるし、転職することで地位を上げていくという職業観も生まれてくる。こういう社会では、議員になって政治に関わったとしても、それなりの成果をあげれば議員を辞めてもまたステータスの高い仕事に就くことができる。

ところが日本では、収入と地位を兼ね備えた職種の大半は終身雇用制度によって中途参入の道が閉ざされているから、議員になどなってもし落選したら、地位に見合った再就職の機会はほとんどない。辞めた元議員など、利権でもない限り引き取る組織はまずない。まして落選議員など何をかいわんやである。実際、甘い言葉でオルグされて出馬したものの、落選して路頭に迷った候補者を何人見てきたことか。

つまり、いったん議員になったら、二度と辞められないということだ。地位と収入を確保するため、必死になって議員であり続けることを最優先する結果になる。だから、たとえ政党を次々と乗り換えてでも、とにかく議員の地位を維持しようとすることになるのだろう。

社民から民主への鞍替《くら》えなどまだ可愛いほうで、無所属を強調して有権者の支持を集めたのに、当選したらすぐ与党へなだれ込むなんてことも平然と行われている。節操がないとは、まさにこのことを言うのだろう。

●金の切れ目が人脈の切れ目

議員たちのこのような無節操に拍車を掛けているもう一つの要因が、金づるの変化だ。

まず、冷戦体制の崩壊によって、アメリカが日本の保守勢力を是が非でも支えるという必要はなくなった。また旧共産圏の崩壊で、その有形無形の支援が国内の左翼陣営の追い風になるということもなくなった。

つまり、海外の親分がいなくなり、それにつながって資金を配分してくれるボス政治家もいなくなった。また政治資金規制によって、かつての田中角栄氏のような、大企業や業界から闇に紛れて資金を調達して配るボスも過去の話になった。金でつながった人脈としての派閥の解体は、小泉首相の「改革」によって進んだわけでもなんでもない。こういう環境の変化によって構造的にもたらされたのだ。

一方、代わって登場してきたのが、政党助成金である。

それ以降は、共産党を例外として、この制度に頼っていかに資金を獲得するかが議員たちの主要な関心事となった。

たとえば政争の結果、党の執行部と対立して資金の配分が減り、むしろ党から出て新しく小政党を作ったほうが実入りが多くなると判断すれば、平気で党を割る。しかし、小党は選挙では不利で負けることが多く、そうなると再び配分を求めて大政党に再参加する結果になったりする。烏合《うごう》の集団というのはこうやって生まれるのだ。

だから、自民党よりウイングの広い民主党などというのは、あまりにも美化し過ぎた表現なのだ。単に、助成金という金に群がった結果と言ってもいい。政策や理念より資金配分という生活利益がはるかに優先する構造がここに存在している。

野党も与党も、議員であるという点ではまったく同じ。当選を続けて地位と収入と生活を維持したいと誰もが考える。そういう議員たちの寄り合い所帯としての日本の政党は、だから議員の生活互助組合（共済組合、協同組合）みたいなものだ。

●「ケア施設」同然の野党の実体

このような考え方をベースに野党を見てみると、また違った一面が見えてくる。

まずは、社民党。

社民党は、民主党に入れてもらえなかった旧社会党左派＝老ボリシェヴィストたちのケア施設のように見える。土井たか子さんは、そんな老人たちの介護保険のケアマネにさせられたようなものだ。土井チルドレン、かつてマドンナ旋風と言われた女性議員たちは介護ヘルパーといったところか。

「弱者への視線を」とか言っても、党内にいる政治的化石の人たちのケアが最優先されてしまい、在宅の弱者＝一般市民は二の次になっているとしか思えない。

共産党は、ゆりかごから墓場までの、国家内ミニ福祉国家。共産党の関係する病院、保育所、学校、新聞社、スーパー、老人施設と、生活に必要な施設はなにからなにまで全部揃っている。いったんここに入れば、死ぬまで共産党関連施設だけで生活できる。

共産党の国会議員たちは、日本国が国連に代表部を持っているのと同じで、ミニ国家としての共産党が国会内に持っている代表部のようなもの。他党との協力・提携はありえても、独立国家が進んで他国と統合することはまずないのと同様、社民党との統一もない。

そんなことをして社民党の貧窮化した老人たちが入ってきたら、せっかくの豊かな福祉国家が台無しになってしまう、からかもしれない。

元自民党の「郵政民営化反対議員」たちにも触れておこう。

郵政私企業化法案に反対して飛び出た元自民党員たちが作った政党は、失業者たちが自身の境遇をなげき、互いに励まし合う自助（社会福祉の用語ではセルフヘルプという）グループだ。自民党を出ても、彼らの行動様式は日本の組織の持つ本質的な特徴から逃れられない以上、政党名が変わっても所詮《しょせん》は同じ穴の狢《むじな》なのである。

いったん加入してしまえばなんでも許され、他者には冷たく身内には甘く、いつだって仲良しクラブになってしまう日本の組織。組織の目標はいつの間にか形だけのお題目になり、メンバーの福利厚生が第一の目標になる。

だから、他者である外国人やマイノリティの人権になんか誰も関心がない。関心があるのは、身内である派閥や党派の個別の特権である。

世界的理論物理学者だった武谷三男氏は特権と人権とを厳格に区別し、エリートたちが人権と称して特権を享受し弱者の人権をないがしろにすることを戒めたが、現在の多数派の議員たちは、まさに武谷が戒めたような、特権の確保には熱心だが普遍的人権には冷淡なエリートの典型だと言わざるを得ない。

そんな政治家に、いったい何を期待するのだろうか。

●「堀江メール」問題の茶番劇

さらに状況を悪化させているのが、そんな政治家たちを支えている市民たち、たとえばホリエモン偽メール問題で民主党に対応が不十分だと迫った人々の愚かさである。

読売新聞の調査によると、七〇％もの人々が、民主党の事後処理（永田寿康衆院議員の党員資格を半年間停止）に不満を呈したという。

たかがこの程度の「ガセネタ」でここまで怒りを表明する大衆は、しかし「フセインは大量破壊兵器を隠し持っている」という世紀のガセネタを使ってブッシュの戦争を支持し、自衛隊を派遣し、その結果日本人外交官二人とイラク人タクシードライバー、二四歳の香田証生、そして外人部隊に所属していた日本人兵士の命を奪った小泉首相に対しては声を上げることがない。

何が懲罰動議だ。茶番である。

私が民主党の党首なら、ではすべてのガセネタに関する過ちを共に認めましょうと言って、自分の首をかけて、永田議員を切るのと同時に小泉首相も斬る。それがサシで落とし前をつけるということだ。

しかし、自民党に突きつける対抗軸もなく、改憲論者の民主党党首では、そんな勝負に体を張ることもできない。軽率な永田議員が沈没するのは自業自得だが、その処理をめぐる民主党のていたらくは目を覆うばかりだった。

挙句の果てには、国会で小泉首相から、過ちを認めて早く元の状態に戻るようにと、哀れむような言葉を投げかけられる始末である。


小泉首相の罪は深くて重い。

しかし、それと同等に野党の罪も重い。

そして、こんな政治家たちを野放しにしている大衆の罪は、いずれ歴史に刻まれることになるだろう。

第三章　階層化する会社と政治

辛 淑玉
佐高 信

一、気づかなければ、批判もできない

労働者は二層化し、下層は「プアーホワイト」となり、上は上で使い捨てにされる……。国家の怖さ、企業の怖さに気づかなければ、批判ははじまらない。

●国家の怖さがわからない世代

辛　私の周りには個性的な人が多いのだけれど、その中に※佐原真《さはらまこと》さんという人がいたの。

佐高　ユニークな考古学者でしたね。もう亡くなったけれど。

辛　彼の考古学の視点から見ると、世界が意外な方向から見えてくるのね。

私が「なぜ人類は愚かな戦争を続けるの」と聞いたら、「人類に戦争の悲惨さを伝えるだけのコミュニケーション力が欠落していたからだ」と言う。強者が書いた歴史と違って、考古学が現場を繙《ひもと》けば、書かれた歴史とはまったく違う事実が出てくる。ところが、その当時の現実を無視したり改変したりして自分に都合のいい物語をでっち上げたのが強者の

佐原真（1932〜2002）　考古学者。'97年、国立歴史民族博物館館長に。比較文化の観点から日本文化の特質を研究した。

歴史なのね。
　だから戦争の悲惨さが伝わらない。それを掘り起こして、戦争の悲惨さを伝え続けなければならない。そう言うの。

佐高　現代の日本だって、戦後六〇年でもう風化しつつあるものね。満州国はおろか、真珠湾攻撃さえ知らない若者がふえているくらいだもの。

辛　そこまで言ったら身も蓋《ふた》もないけど、ちょっと乱暴な言い方をすれば、私は団塊世代より下の人とは合わない、感覚が。やっぱり若いなと思うのね。それは彼らに、国家に対する意識が欠落しているから。年齢的には私と変わらないし、近しいけれど、感覚的に国家が暴走したときに何をするかということの認識が欠落しているのね。

佐高　つまり戦後派は駄目ということとか。だから辛さんの周りには爺《じい》さんが多いんだ。

辛　たとえば、今日本で騒がれている拉致《らち》問題を見てもそう。北も南も一九七〇年代というのは、拉致合戦を繰り広げていたわけよ。

日本人の意識の中で欠落しているのは、朝鮮半島では今でも戦争が続いているという事実。そのことがわかっていない。休戦協定というのは、終戦ではないからね。ちょっと休んでいるってことでしょ。だから拉致なんて日常茶飯事。北も南も。

そんな中、※金大中《キムデジュン》事件が起きた。あれは衝撃だった。日本で朝鮮人が朝鮮人を連れ去ったのに、この国は守ってくれない。あのとき私が感じた恐怖感は、多くの日本人にはわからない。

佐高　金大中だから土壇場でなんとかなったけどね。

辛　そう。だけど日本は政治決着でお茶を濁したでしょ。ところが当時、西ドイツでも同じような拉致事件があった。※尹伊桑《ユンイサン》が西ドイツで捕まって韓国に連行されたんですね。でも西ドイツ政府は、国交断絶まで振りかざして、うちの客人に何をするんだと言って、西ドイツに帰還させた。その差は明らかですよ。当時、こんな政府がこの国の人の命ならば守るのだろうかと思った。きっと「日本人」も、政治的に利用価値が無ければ見すてられ

金大中（1925〜）　前・韓国大統領。民主化運動で日本に滞在中の'73年、韓国中央情報部によって拉致された。2000年、ノーベル平和賞。

尹伊桑（1917〜95）　韓国出身の作曲家。ドイツ留学中の'67年にスパイ容疑でベルリンよりソウルへ拉致された。のちドイツへ帰化。

るだろうと感じた。
　過去の朝鮮人強制連行は戦争中のことだったからしょうがない、という言い方があるけれど、それなら朝鮮半島は戦争をしているのだから、この拉致事件もどうしようもないことなのか、ということなのね。国家の暴走に対する感覚が、こんなに欠如している国は珍しい。

佐高　辛さん自身、捕まったことはありますか。

辛　あります。軍事独裁政権下の韓国で。
　実は当時、私の叔父が韓国ペンクラブの会長だったんです。あの軍政下でペンクラブ会長というのは、それなりにしんどかったと思うし、圧力もかけられていたと思う。多分それが捕まった理由でしょう。でもね、理由なんかなんでもいいんですよ。捕まえたいと思ったら捕まえるだけのこと。
　凄《すご》かったですよ。何としてでも生きて帰りたいと思った。だから、国家というのはなんでもやるということを、骨の髄まで認識した。

佐高　それはいつ頃？

辛　一九八〇年代。で、あのときの国家の状況の感覚というのを共有できるのが、団塊世代以上の人なわけ。だから、若い人と話しているとめまいがするのね、悪いけど。国家に対して甘いし、無知だし、ものの見方が非常に短絡的だしね。

●靖国参拝の前にすべきこと

辛　今の靖国問題にしても、いい加減にしろと思うのね。問題のとらえ方の底が浅い。靖国参拝に反対だと言って小泉さんを叩《たた》くときに持ち出してくるのが、決まって「韓国、朝鮮や中国」でしょ。韓国人や中国人の立場から靖国はいけないと言う。

佐高　植民地政策への反省ね。

辛　反省というのはやらなきゃよかったということでしょ。その上で、自らの足元から語るべきなんじゃない？

小泉さんが本当にあの戦争を反省するのだとしたら、戦争に反対したり、戦争の邪魔だったりしたために特高によって殺されたアイヌやウチナンチュウや大本教信者や、創価学会員や部落民や、それから吃音《きつおん》の人や在日朝鮮人や社会主義者や……これを全部名誉回復して、その遺影に手を合わせ、どうしてそんなことをしたのか究明し、殺された人たちのリストを公表して遺族全部に補償すべきよ。そして、戦争遂行者や戦争加担者たちが誰を殺したのかをちゃんと究明して処罰しなくてはいけない。たとえ死んでいたとしても。
それなのに、小泉さんは天皇の名の下で殺戮《さつりく》に参加した死者たちだけに手を合わせている。そこに彼の嘘がある。その嘘を見抜けないということは、日本人自らの視点で物事を見ていないということよ。

佐高　靖国参拝を支持する連中が持ち上げる、彼ら好みの人間の中で、西郷隆盛は靖国に祀《まつ》られていない。乃木希典《のぎまれすけ》も入っていない。西郷は西南戦争で当時の政府に敵対した人だし、乃木は自殺した人だから。

辛　自殺はいけないのね。天皇のために死ななければいけないのね。

佐高　こういう具合に、靖国支持者の論理もおかしいわけ。一貫していない。

辛　だいたい東北だってね、たとえば会津を征服に来た連中だって、みんなあそこに祀られているわけでしょ。

佐高　そうそう。

辛　なぜ自分たちを殺戮した人たちを奉っているところに、手を合わすの？

佐高　信長によって殺された側が、信長を奉るのと一緒。つまり、小泉信長によって殺される側の人が、信長に拍手するという構図なんだよね。

辛　小泉信長についていれば、自分だけは大丈夫だと思っているんですよ。選挙で小泉自民党に一票をいれた人たちがそれね。

佐高　その結果、小泉は圧勝した。

●日本版「プアーホワイト」

辛　実は今回の小泉圧勝をもたらした無党派層を分析してみたの。彼らの考えることが如実に現れているのがインターネットなのね。

一九九〇年代の後半から、インターネットで私を叩く人たちがガーッとふえてきた。彼らが叩くのは私だけではなく、女、外国人、障害者、部落民、それからちょっと福祉の恩恵を受けた人、それから低学歴の人とか。では、そこにまったく出てこない人、彼らの罵《ば》倒《とう》の対象にならない人、つまり罵倒している当人たちはどういう人なのか。それは、高学歴の日本人の貧乏人の若い男なんです。

佐高　辛さんの言う、日本版「プアーホワイト」だね。

辛　彼らは、二層式労働者の下層なのよ。この二層式労働者の下層が、俗にいう無党派層なわけね。この人たちには、組織労働者に対するある種の憎しみや怨念《おんねん》がある。その怨念を小泉さんが見事にすくい上げて、「ほら、あそこにうまい汁を吸っているやつがいるぞ」とターゲットにしたのが、郵政なんです。そして、そのターゲットはこれからどんどん拡大されていく。

佐高　公務員にね。

辛　小泉さんは、この若者たちを弱肉強食の思想で洗脳した。しかし、洗脳されて一票を投じた若者たちは、申し訳ないけど、間違いなく希望するようなところには就職できない。就職できずに、より苦しくなるという現実が、彼らには想像できないのね。

そして、苦しくなった彼らに、小泉さんはまた飴《あめ》を見せますよ。次が教員。それが尽きたら今度は外国人、移住労働者……という具合にどんどん出してくる。

佐高　就職できない高学歴の若者に対し、二層式労働者の上の層にも変化が出てきたね。

辛　就職現場にいると、確実に変わってきてるのがわかる。今は、能力だけでは企業のトップエリートには入れない。能力があっても、コネがなければ駄目なんです。コネで入社してくる人は昔からいた。でも、コネで入ってくる者の中には能力のない者も結構いた。

ところが、今入ってくる子たちは、コネもあるし能力もある。つまり、貴族ができたのよ。親の代、祖父母の代から東大出というような人たち。中高一貫私学から東大に入って、世界中を子どもの頃から回っているような人たち。こういう人たちがエリートクラスを形成する。この完璧《かんぺき》なエリートクラスが中枢にあって、その周りに本当に優秀な人たちがいて、このトップ三%で企業を運営する。それから二五%くらいの正社員がいて、あとは派遣とか、専門職とか、低賃金の労働者なのね。

そうすると、労働組合そのものも特権階級的なものになっていく。だから、これからは、大卒でも正規雇用されなくなる。二層式の下層がふえていくわけです。

●グローバル企業はダブルスタンダード

辛　外国人労働者の扱いも変わってきたね。先日行った職場には、三六人いるフロアの中で国籍が三八。

佐高　三六人で?

辛　二重国籍を持っているのがいるから。共産圏やインドなどでIT技術を身につけて世界中を渡り歩いているのが山のようにいるわけですよ。彼らは優秀だけれど、日本人よりうんと安い給料で働くから、システム化の中で多国籍化ががんがん進んでいるんです。そういった人たちによって、IT関連もどんどん変わってきている。

佐高　それは何、研修で行ったの？

辛　そう、人権研修。おかしいと思うでしょ。これだけ政治的な発言をしても企業から注文があるなんて、と、みんな不思議がるんだけど、それがあるのよ。というのは、企業も大きく二分化されてきてるってこと。トップ企業はグローバルスタンダードで生きていこうと思っているから、そうなると、人権感覚がなかったら、もうやっていけないわけ。

佐高　つまり、世界と渡り合っていくには、閉鎖的ではやっていけないんだ。

辛　そう。本心は相変わらず閉鎖的よ。しかし、ダブルスタンダードで外面だけはちゃんとやる。たとえば、アメリカの法律が変わってきてますよね。障害者に関するＡＤＡ法という法律があって、この法律が認定する障害者というのは、日本とは大違いなわけ。太っている人も障害者、少数民族も障害者、女性も障害者。そして、そういう人たちに適切な対応をしていない企業は、たとえば入札に参加できないとか、活動が制限されるんです。多言語でなくちゃいけないしね。そうすると、グローバル展開したいのなら、日本の企業も変わっていかないといけない。「人権」は企業の必須科目であり基礎教養であり、リスクマネージメントでもあるから。

そうすると、部落差別問題から始まって外国籍住民、移住労働者、障害者、女性といったさまざまな問題がトータルでこなせて、企業研修が組める人というのは、日本ではとても数が少ない。私がむちゃくちゃ忙しい理由はそこにある。

佐高　ある種の社会生活技術をワールドなものとして習得しなければならないから、辛さんに講習を頼むというふうになるわけだね。

辛　そう。人権感覚が生産性を上げるという発想に立った企業が出てきたということね。だから今の日本は、そういう企業と、まったく女を排して低賃金の労働力で徒弟制度でやっていこうという企業と、かっちり分かれるわね。

佐高　人権感覚に目覚めた企業は、あまねくそういう感覚を持っているのかな。

辛　確かにいい会社もあるけど、多くはダブルスタンダードですよ。心の中では強姦《ごうかん》したいと思っていても、ここでケツを触ってはいけない。そういうことがわかった企業が出てきたということ。つまり、性根とか文化まで変えることはできないけれど、ケツを触ってはいけないというルールを習得させることはできる。

佐高　ある意味で、テーブルマナーみたいなものだよね。

辛　まさにそう。だから今、企業では人権研修とは言わないで、ビジネスマナーとか言うんだよね。

佐高　ナイフ、フォークを逆に持ってはいけませんと教えるわけだ。

辛　そう。私はモチベーション研修は絶対にやらないの。人の心なんかいじりたくない。その代わり、情報と技術を伝えていく。だって、女を尊敬しろとか、女の能力を信じなさいと言ったって、信じる男なんて誰一人いませんからね。どんなバカな男でも、俺は女よりは優秀だと思ってますからね。

佐高　私は思っていない。

辛　（笑）。だって、男の人が相手を侮蔑《ぶべつ》するときの決まり文句が「お前は女みたいだ」でしょ。女のようにならないように生きてきたわけよね。その人たちに、女を尊敬しろなんて言っても意味がない。そうではなく、女を活用できなかったら生産性は上がらないのだ、マーケットの半分は女なんだ、ということをきっちり認識させる。コンシューマーとしての女性を理解し、その上でワーカーとしての女性を使いきれるかどうかというのが、国際競争の中で生き残れるかどうかにつながっていくのだから。

●使い捨てにされるエリート

佐高　私がある大手企業に研修に行ったとき、禊《みそ》ぎ研修の話をしたのよ。そして、「お宅の会社もやってるよ」って言ったら、そこにいた社員が「そんなこと信じられません」って言うんだよね。

辛　その人たちはその禊ぎ研修の対象者じゃないから。

佐高　知らないんだ。中にいる者でも知らないんだな。

辛　だって、社員全員が禊ぎ研修をやるわけじゃないからね。決められた人たちだけでやって、絶対的忠誠を誓っているからね。

佐高　そうだとしても、噂くらいは伝わっていると思ってたんで、それを聞いたときには、さすがにちょっとびっくりした。

辛　研修情報は一般社員には出しません。どんな研修を受けているかは企業秘密ですから。それに、そういう研修を受けさせられる人たちというのは、やっぱり選ばれた人なんですよ。

佐高　そうそう。エリートなのね。

辛　企業は、女には金を使わなくても男には金を使うからね。だから私なんかが管理職研修とかで会う人たちというのは、禊ぎ研修も含めて、みんな選ばれた人たちなんです。現場の組立作業の研修といったものももちろんあるけれど、それは別。企業が心の中にまで入り込んで徹底してガーッとやるという研修は、やはり選ばれた人たちだけが対象なのよ。能力もあって、だけど反抗しないような人たちを養成するのよ。

佐高　そう。トンボの羽をちょっと切るみたいにね。死なないけれど逃げない程度に羽を切る。

辛　でも、選ばれてエリートの階段を昇っていくというのも、並大抵のことではないのよね。昔、社長秘書研修といったら、お背中を流すところから始まったしね。

佐高　全部とは言わないけれど、たいてい社長の女の世話をしたのが次の社長になるからなあ。

辛　うちの人材育成コンサルタント会社も、今は人権研修を中心にやっているけれど、創立当初はさまざまな研修を手がけたのよね。職能別研修とか階級別研修とかね。研修メニューのすべてをやったわけじゃないけど、初めてそのメニューを見たときは腰が抜けた。トップシークレットの研修というのがあるの。大きな声では言えないのだけど、その一つが、メーカーが自社製品を納入する相手の設備産業企業に対処するための研修。相手企業社員の〝お付き〟になるわけね。

佐高　なるほど。

辛　これが凄《すご》くて、納入先企業の社員がまだ新入社員のうちから始めるわけよ。その新入社員が五年後には係長になり、一〇年後に課長になっていったときに何億という仕事が舞い込んでくるのだから、ずっとぴったりくっついているわけ。

佐高　銀行のモフ担《たん》※みたいなもの？

辛　そうそう。その、くっつくほうの研修をやったのだけど、凄かったね。電話の受け答えなんて、そんなレベルの話じゃないですよ。カードから女の世話から飯の支度から、結婚して子どもができたらその子どもの世話まで、そのメーカーの担当者が面倒を見るの。そのままホストにでもなれるような人でなければ、とても勤まらない。ここまで面倒見られたら、そりゃ切れないですよ。

佐高　ゼネコンは道路公団から天下りを迎えて仕事を確保するのに対して、これは相手の内部にシンパを養成する手法だね。そうやって××ファミリーと呼ばれるファミリー企業が形成されるわけだ。

辛　あのお金の使い方は凄い。その仕事にそれだけの人をそれだけ長期間つけても採算が取れるというのが凄い。業界関係の強化、そこが利益を生み出す中枢なわけだから、なりふり構わず金をつぎ込む。

モフ担　モフは「MOF（Ministry of Finance）」すなわち旧大蔵省。金融機関で大蔵省との関係円滑化のために置かれた役職。過剰接待が問題となった。

笑っちゃうのは、この私にまでお裾《すそ》分けが回って来たことがあって、私が海外に行ったら、ホテルの部屋に花とチーズとワインが届けられたの。私はある設備産業企業の教育担当だったから、出入り業者が気をきかせたのね。「なんで私が（業者から）これを貰《もら》わなきゃいけないの」って思ったわ。

要するに、権力や金に群がる構造があって、そこにおける人材の育成や人格形成、人間のあり方というのは、やはり相当イビツですよ。

佐高　辛さんも私もこうしてメディアで生き残っているのは、裏を知っているから。私も経済誌に一〇年いたから、企業社会の裏というのを嫌というほど見てきたものね。

辛　二〇数年企業内研修をやってきて、そこで男の人がどれほど非人間的な扱いをされているか目の前で見てきたから、おのずと構造的な問題点が見えてくる。やっぱり、男性優位構造の弱肉強食経済は人間を殺すよね。

表から、自分の会社とその関係者しか見てないようでは、見えるものなんかタカが知れている。

●「三つの赤を消す」という標語

佐高　日本版プアーホワイトから這《は》い出せない若者に対して、正規雇用で企業の保護のもとで働ける労働者は幸運といえるかもしれないけど、しかし、そのトップ二五％に取り込まれた人間だって、決して一生が保障されているわけじゃあない。いったん事があれば排除されるシステムは冷厳に機能している。

とくに辛さんが研修をしたような大企業ではなおさらね。私が知っている、ある大手重電会社の社員、私とほぼ同い年の社員が、働きすぎて突然脳溢血《のういっけつ》で倒れてしまった。それで奥さんが労災で訴えたんです。そのとたん、会社はいっさい協力しなくなった。それに対して、奥さんは戦い抜いて勝ったんだけど、その過程の会社の仕打ちはひどいものだった。あれだけの凄い技術をもった超エリートだったのに、見事に手のひらを返すんだよね。やっぱり徹底的に道具なんだね。

辛　そうですよ。だから、研修をする場合でも、相手の論理をちゃんと知って、目的は何なのかがわからないと、こっちは対応できないわけですよ。愛なんて口にしたってしょうがないんだから。あんた儲《もう》けたいんでしょ、儲けたかったら徹底的にやりましょう、という発想ね。その中にいかに人権を植え込んでいくかが、私の仕事になるわけ。植え込むことによって生産性は必ず上がるから。
そういう中でも、気がつくと「嫌がらせ研修」もそうとうやってきた。

佐高　嫌がらせ研修？

辛　たとえば、工場を閉鎖するので自主退職を募集したけれど、その数が足りなかったというようなケース。そういうところでやるのが、コミュニケーション研修とか営業マン研修という名の研修ね。これはヤバい。行くと、三〇代から始まってもう六〇に手が届くという年代の人たちまで受講生でいる。
その人たちは今まで工場で働いてきた人たちだから、会社の外の営業的なことなんかわからない。そういう人に、営業マン研修だといって、新人と一緒に発声練習からやらせるの。嫌がらせ以外の何ものでもないでしょ。

佐高　さっき挙げたケースとは別の重電会社での話。その会社は、「三つの赤を消す」というのが標語なんだって。一つは、赤字の赤を消す。二番目は思想的赤を消す。三番目は本当に火を消す。だから会社には社員の消防隊が組織されているんだって。
で、その会社に、作家の三好徹の友達の息子が入ったんだ。東大で野球をやっていた人で、体育会系らしく素直な若者だった。その若者が、労働組合の集会があったときに、とくに問題意識を持っていたわけではないのだけれど、なんとなくスーッと参加してしまった。そしたら、さっそく私物検査をやるんだね、寮で。若者はストレートに怒るわけだよ、なんで自分の手帳を勝手に見るのかと。

辛　そんなこと言ったら、企業でやっていけないな。

佐高　それから壮絶ないじめが始まった。

辛　そういう企業では当然の仕打ちでしょう。

佐高　いじめが続き、明るかった野球部の選手がボロボロになって家に帰ってくると、自殺しちゃうんだね。お父さんは裁判にしたいと言ったのだけど、三好徹が、証拠があるわけでもないし勝ち目がないよと思い止まらせて、それで、明らかにその企業のスキャンダルをモデルにしたと思われる『白昼の迷路』という小説を書いた。

辛　会社としては新人研修も受けているけど、私が講師として単発で新人研修だけをすることはまれなのね。新人研修を請け負うときは管理職研修と一括で請け負うから。それがあるとき、例外的に引き受けた新人研修で、本当に泣ける思いをさせられたことがあったの。

そこは小さいながらも優良企業で、業績もいいし、女性をどんどん伸ばしていくような凄く意欲的な会社で、そこの人事部とは一〇年間一緒にリスクマネージメント研修をやってきた。でも、新人研修は手がけていなかった。

ところがその会社が、業界の再編があって同業同士で合併して、合併した新会社の新人研修に私が呼ばれたの。なぜリクエストが来たのか不思議だった。

研修会場に行ってみたら、そこに並んでいたのは今までの人事部長、課長以下、全員だったのよ。一〇年間、私と一緒に現場研修を組んできた人たちですよ。その人たちを前に、合併相手の会社から来た取締役が、「うちは非常に伝統ある文化を持っている会社であって」とかなんとか、偉そうに前フリをする。もう、胸が張り裂けるかと思ったね。むしろ業績はこちらのほうが良かったのに、合併後の人事権は老舗《しにせ》で規模も大きかった相手側に握られたわけ。要するに、派閥抗争で負けたのよ。

私が一緒に仕事をしてきた今までの人事部長は、海外でゼネラルマネージャーまでやったのに、合併後は物凄い嫌がらせがずっと続いて、仕事量も膨大で、そのストレスからドクターストップがかかり、休職している間に亡くなってしまった。結局、殺されたってことね。

お葬式には私も行きました。単線しか走っていない鄙《ひな》びたところで、こんな片田舎から出てきて、着実にエリートの階段を昇っていたのに、最後はこんな末路になったのかと、胸が熱くなった。

ところがそこへ、彼を殺したも同然のその取締役が来て、お線香を上げるのよ。私、それを見たときは号泣したね。人間としてやっちゃあいけない。確かに、企業の中でそういう派閥争いはあってもいい、でも、お前が殺したんだろって。誰が見てもお前が殺したんだろって。それがいけしゃあしゃあとお線香を上げるなんて。

その取締役がいたのは、伝統的に禊ぎ研修をやってきた会社ですよ。私は、これほど感覚が麻痺《まひ》した生き方とは何なのかと、もうね、泣けたね。

そういうのを、何回も経験する。だから、確かに女はいろいろ不平等があると声をあげているけれど、女の多くはトップに入っていないからね。許されなかったから。だから、組織の中がいかに男に過酷で、いかに男の組織というのが下劣きわまりなくて、嫉妬《しっと》に満ちていて、男がその中で女房子どもを食わせなければとどんな思いで働いているのか、家族はもっと知ってもいいと思う。

男にとって家族は人質でもあるから。

二、そして弱肉強食社会がはじまる

「小型天皇制」というべき日本企業で「社畜」と化す労働者。小泉・竹中らが画策する「弱肉強食社会」に抗わなければ、人権すらなくなってしまいかねない。

●貴族の特権と人権のない下層

辛　企業が、ごく一にぎりのトップエリートと、二割くらいの正社員と、専門家集団と派遣と、それから低賃金の男女の労働力というような階層社会になると、その枠に入れなかった人たちは人権もない、ということになる。人権があるのは、トップの三％、もしくは上部三割の人たちだけね。

佐高　つまりそれは、人権ではなくて特権だよね。

辛　まさにそう、特権。

佐高　ところが、特権を持った者は、特権を人権のように見せかけるという詐術を行う。

辛　だから、政治家が「人権」と言うとき、騙《だま》されてはいけない。彼らが「個人の思想信条の自由」とか「プライバシー」とかを持ち出して逃げの発言をするときは、「それは人権ではなくて、お前の特権だろ」と言い返さなければいけない。彼らにはこの発想が欠落しているのだから。

佐高　日本人は、どうもそこの区別を曖昧《あいまい》にする傾向がある。そのいい例がダイアナですよ。あの人は人権を捨てて特権の世界に入ったのに、それを人権の立場から「かわいそうだ」という。皇太子に不倫をされてかわいそうだというけれども、イギリス王室の歴史なんて不倫の歴史でしょ。それが公務のようなものだからね。

辛　だってやることがないんだもん。政治をやるわけではないし、経済をやるわけでもないし、やることがないから慈善ばっかりやっている。

佐高　そんな特権世界に入った人を「かわいそうだ」と言ったり、かと思うと、「ダイアナはイギリス王室の民主化に尽くした」なんて評価しようとする人まで出てくる。冗談じゃないよ。王室を民主化したら、王室はなくなるんだよ。

辛　本当にそう。「生贄《いけにえ》になった」と言うならまだしもね。あえて言うなら、特権的生贄ですよ。

佐高　市民の人権レベルで世の中を見ようとするそういう甘さが、世の中を見えなくしている。そんな視点では、階層化社会のトップに立つ貴族たちの特権的行動を絶対に見抜くことができない。市民的人権感覚では、貴族社会の抵抗勢力になりえない。

辛　貴族たちの結束は固いですからね。

●日本企業は〝小型天皇制〟

佐高　ゼネコンの親玉たちが軽井沢の別荘で会合を持ったことがあったんだよね。まさに談合ね。ところが、そこに出席したゼネコン会長の一人が、「話し合うことは悪いことではない」と、わざわざ雑誌のインタビューで開き直って言うんだよね。「話し合う」というのは、自分とぜんぜん異質なものと話し合うから意味があるのであって、仲間うちでジャレ合うことではない、ということがわかっていない。いや、そんなことわかっていても問題ではない、という態度ね。貴族社会のトップは、それくらい悠然と世の中を動かしていく。

辛　単一民族国家論とまったく同じだね。

佐高　日本の会社は、ある意味で小型天皇制ですからね。

辛　貴族社会の結束の背後にある一つが、株の持合いよね。株の持合いをしている限り、天皇制で十分やっていける。ところがそこへ、ホリエモンのような人間が登場してきた。金至上主義のような考え方でゲームとして株を運用する人が出てきた。彼らによって、今までとはまったく違った形で食い荒らされたら、天皇制は維持できなくなる。

でも私は、あの騒動を見ていて、ホリエモンとニッポン放送は最終的には絶対なんらかの形で手を握るだろうなと思ったのね。なぜかといったら、彼らは同じある種の貴族的カルチャーを持っていて、そこが日本の貴族院の世界だからね。

だから、彼らはちょっとやんちゃなガキだとは思っていても、文化としては一緒だから、結局、新しい若者を入れた株の持合いになるわけ。たとえホリエモンが羽目をはずしたとしても、またカムバックできる。その存在が排除されることはない。排除されるのは孫正《そんまさ》義《よし》のような出自の違うものですよ。

佐高　その株の持合いだけでは事業展開ができない、本当のグローバルスタンダードになった企業が、ダブルスタンダードをやっていくわけだね。

辛　ダブルスタンダードを採用しても、本音に変わりはない。外国人労働者に対する姿勢を見ればそれがわかります。外国人労働者が企業の生産性に不可欠だと言いながら、その

※孫正義（1957〜）　ソフトバンク株式会社代表取締役社長。佐賀県鳥栖市出身の在日韓国人三世。のちに日本に帰化。M&AやＩＴ関連事業で成功を収めている。

多くは彼らが人間であるとは思っていない。経団連のトップがその人たちの人権について語ったことなんかないからね。
　彼らの頭の中にあるのは、特権的な日本人の男たちだけ。それ以外はクズ、カス、もしくは奴隷、つまり賤民《せんみん》という考え方なのね。
佐高　知性派財界人と言われている某社の会長が、企業の内部告発が問題になったとき、「社内で言ってくれればいい」なんてシャアシャアと発言していた。冗談でしょ、社内で言えないから内部告発するんだろ。
辛　バカだねえ。その人、何年「日本人」やってんのって言ってやりたい。
佐高　身内で言えるような文化が無いのが日本の会社じゃないか。
辛　自分の病気のことですら、絶対に言えない。体の状態が悪いなんて上司に言ったら、それはもうラインから外されるということだからね。
　いかに健康で無理がきいて、上司へのおべっかができて、たとえ自分の子どもが病気でも上司の子どもの誕生日にはちゃんと駆けつけられるような、そういった人でないと駄目なのね。五時までは拘束時間で、五時から人間関係を築いていかなかったら振り落とされる。

佐高　だいたい、社長が自民党候補の応援に行ったら、社員みんながぞろぞろついていく、というのが日本の会社だからね。

辛　それを拒否できるなんて思っている人がいたら、あまりにも日本の企業に対して無知だよね。日本のリストラのやり方も、この伝統的文化を踏襲している。リストラは能力の有無によって切るのではない。では何を基準に切るのかといったら、権力から遠い人、つまり社長から遠いやつ。それから労働組合でぐちゃぐちゃ言ったやつ。いろいろ逆らったやつ。俺に御中元と御歳暮を持ってこなかったやつ。これを切っていくわけです。

つまり、企業のトップが決めたことに何とかつながっていなければ飯を食うことができないという構図。そこに個人の自由なんかない。

●清規と陋規の使い分け

佐高　個人の自由なんかなくても、とにかく上につながっていなければ生きていけない、という日本の会社では、女性の上司は喜ばれない。なぜかといえば、女性の上司では、そういう人間関係を作れないと、部下の男たちが見るから。つまり、出世させてもらえないと。

辛　だから、女性の上司が来たとなったら、なるべくそこから離れようとしますよ。なるべくどこかに配置転換してもらって、力のある男の傍に行こうとするのね。現実に、女の上司はあんまり出世の役には立たないし。

男はネットワークで上がっていくでしょ。あいつが課長になったら俺も課長になるって具合にダーッと動いて、そうすると仕事もできる。でも、女の上司は点々と存在するだけだから、ネットワークが組めない。頼ろうとしたら男の上司に限るわけですよ。上司もそれを心得ていて、二、三回仕事をしただけで、俺が育ててやったと言ってかわいがるようになる。その代わり、ちょっと逆らったり意思を持ったりしたらすぐ叩かれるのがこの構造の常識。

佐高　会社には清規と陋規というのがあるんだよね。陋規の「陋」とは「狭い」という意味で、狭い範囲内で通じる規則、内規みたいなもの。たとえば、世の中の常識＝清規から見たら、泥棒なんか許されるはずがないけれど、泥棒の世界にも一応規則はある。「盗みはしても、殺さず、犯さず」というのが泥棒の陋規なんて言うしね。この陋規を守るのが正統派泥棒というわけ。池波正太郎が書くような面白い世界だね。

それで、この清規と陋規のダブルスタンダードを、実に巧みに使い分けて社員を操作するのが日本の会社なわけよ。上司が会社の金でお疲れさん会を開くのは、清規では許されていないけれど、陋規では、ある程度許されるでしょ。「いいから、ここは会社で落とすから」と締めくくっても丸くおさまる。まあ、柔軟な規則の運用だという言い方もできるけれど、ところが、いったん反逆する社員が出現すると、事情は一変する。その者に適用されるのは清規だけで、その者の陋規は剝奪《はくだつ》される。辛淑玉が反逆した場合には、辛淑玉に許されていた陋規も全部剝奪。

辛　その手のひらの返し方は、あからさまだよね。

佐高　ある百貨店の幹部が、一部上層部の不当人事があまりにひどいものだから、苦言を呈した。

辛　ああ、もう駄目、駄目。

佐高　以来、睨《にら》まれる身になった、当然ね。で、睨まれる身になったその人が気をつけたのが、絶対に陋規を使わないということだった。百貨店では、社員が客用のエレベーターに乗ってはいけないことに清規ではなっているけど、実際はみんな乗っていたし、その人も乗ってきた。でも、睨まれる身になって以来、どんなに客用のエレベーターの近くにいても乗らないことにしているっていうんだ。陋規で足をすくわれるのを警戒しているんだね。

●クビの理由はいくつもあったほうがいい

辛　だって、あらゆるものを曖昧《あいまい》な状態にしておいて、いつでも使える状態にしておくというのが経営管理の基本ですよ。誰かを切りたいとき、切る理由がいくつもあったほうがいいからね。

たとえば、男がセクハラを理由に切られたとする。その男は、もちろん本当にセクハラをやっていた。しかし、職場の女からすれば、切るに値するセクハラ男はほかにももっとたくさんいるはずだ。なのに、その男だけが切られた。つまり、セクハラはあくまでも表向きの理由で、権力闘争で負けたやつが切られていくんだよね。私が具体的に知っている中で、そういうケースと思われる首切りが二件ある。

佐高　ナイフが、ふだんは鞘《さや》に納まっているのに、反逆した場合には飛び出しナイフになるわけだ。

辛　その点、女は概して陋規の使い方が下手。というか、嫌がる。たとえばある会社の女性経理が精算のことで男性社員ともめたとする。「ちゃんと領収書を出して」「俺を泥棒扱いするのか」と言い争っていると、そこへ上司が来てね、「まあまあ、あいつは女だから、ちょっと許してやってくれよ」みたいな話になるわけ。こんなことどこでもある話。女性経理としては、清規が頭にあるから、これで職場の規範がガーッと崩れたと感じるわけだけれど、男はそれが特権と思っているから、嚙《か》み合わない。

佐高　ある全国紙の海外支局長に女性が納まったら、あんまりお金を使わない。誰かよそからお偉いさんが来ても、接待なんか熱心にやらないから、お金は残る。おかげで、次に支局長で行った人が、予算を締めつけられて、やりにくくてしょうがなかったという話がある。こういう例を見ると、女性は仕事の上に曖昧さを持ち込むことを嫌うのかなという気がするんだけど、一方で、日本には一般に、曖昧さそのものが文化、みたいなところがあるでしょ。

辛　充満してるよね。今は若者言葉が崩れているというけど、それだって典型的な曖昧表現でしょ。「わたし的には」とか「何々系」とか。「わたし的には、それはちょっと嫌かも」なんて。「私は嫌なんだ」と言えば済むのに、そうは言わない。

佐高　ある人が韓国を旅行中に左手を怪我した。「右手でなくて良かった。不幸中の幸いだ」と言ったら、案内をしていた通訳の韓国人女性が「それはおかしい。不幸は不幸、幸いは幸いだ。不幸中の幸いなんて、おかしい」って抗議したというんだ。

辛　そう、おかしいよね。「日本的な曖昧さ」よね。

佐高　自分を慰める術というか、行動を起こすことへの逃避というか……。

辛　自分が傷つかないための関係調整能力なんだね。でも、そこには葛藤《かっとう》やぶつかり合いがないから、本来の関係調整能力は機能していない。

関係調整能力が機能するのは、国際社会です。そこでは自分の嫌いな相手と生きていく道を探らなければならないから、調整が必要になってくるのね。「私はあなたのここが嫌、だからこうしてもらいたい」「私もこう思うから、こうしてもらいたい」という意思をテーブルの上に出さない限り、調整はできない。

でも、日本の場合は、そういう調整能力が欠落している。会議の席で意見を言ったりしたら、「なんでこの席で意見なんか出すのか」と非難されることになるからね。

佐高　「そんな話、昨日の晩は聞いていなかった」とかね。

辛　そう、根回しができてからでないとスタートできない。しかし、それは多様性のある社会では通じない。テーブルの上で問題解決ができないというのは、組織としてはとても危ない状況ですよ。危機回避が迅速にできないということにもなるしね。さらに、国際的なビジネスの世界では、その場で発言しないものはいないも同然だから。

佐高　だろうね。

辛　まあ、自分の意見を理解させるためには一貫して恫喝《どうかつ》しながらやっていけばいいというわけでもなく、そこにはいろんなやり方はあるけれど、とにかく、自分をわかってもらうためには、説明責任がある。もしくは、「俺はこう思うから、こうしてもらいたんだ」という提案をしなければならない。日本の会社では、そういう能力も欠落している。

佐高　その上、社員も社長も同等だ、あるいは、代表取締役も平取も取締役という立場では同等だ、という感覚はないんだよね。

辛　ないね。

佐高　対等の関係ではないから、「恐れながら反対します」なんてことになる。会議の場でも全部、上下関係なんだよね。その一方で、ふだんの会社運営は、陋規を巧みに使って、曖昧さの中で行動する。

辛　「日本的曖昧さ」というのは、自分の意思をちゃんと表現しなくても意思を伝えるという高度な技術ではあると思うけれど、これは物凄く限定された空間でしか通用しないよね。

佐高　そう。相手もそれをわかっているというところでしか通じない。

辛　「不幸中の幸い」だなんて、翻訳できませんよ。「Which one?（お前はどっちなんだ）」で終わってしまいますよ。

●「社畜」の行きつく末

佐高　「社畜」という言葉があるよね。※沼正三《ぬましょうぞう》の奇譚《きたん》小説に『家畜人ヤプー』というのがあって、女王が支配する世界で日本人が家畜になっているという想定の小説だったけど……。

辛　右翼が出版社に押しかけたりした問題小説ね。

佐高　そう。あれは空想の世界の話だけど、今の日本の現実は、「社畜」。ひとにぎりの貴族の下に労働者が家畜のように会社に飼われて生きているというのが「社畜」という言葉の概念なわけ。私が作った言葉ではないけど、今の時代を的確に表現している言葉だし、私もよく使う。そうすると、物凄い反発が来るんだよね。

辛　だって事実じゃない。

佐高　だけど、それはひどいっていうわけよ。自分は社畜だとは思っていないわけだよね。

辛　ひどいと言うのは、支配を内面化していてわからなくなっているからというのもある

沼正三（？～？）　'56年から「奇譚クラブ」に連載された『家畜人ヤプー』は幻想的マゾヒズム小説としてカルト的な人気に。著者の詳細は不明。

けど、多くは痛いからよ。反発するのは当たっているからだよね。

佐高　そう。「そうかもしれない」という思いは、彼らにもどこかにある。でも、面と向かって「君たちは社畜だ」と言われると、「俺は違う」とか「ちょっと言い過ぎだ」という反応になるんだね。でもやっぱり、飼われていて、何もモノを言わなかったら、それは社畜だよね。

辛　経営者は社員を人間だと思っている――そう思うところが甘い。あまりに世の中を知らな過ぎる。経営の基本は、やっぱりマーケットの拡大だからね。

　金ですよ。金をベースに考えていったとき、人間性が欠落してくるのは当たり前で、だから経営の規模拡大を突き詰めていけば必ず戦争に至る。マーケットを拡大していくということは、戦争の火種を広げること。人間を人間として扱っていたらマーケットの拡大なんかできないからね。そこいらへんを本質的に見定めないと駄目。

佐高　アメリカのイラク侵攻なんて、まさにそれだからね。

辛　マーケットが拡大できるから、よその国に入っていく。だから、アフリカが飢餓で苦しんでいても、資源がなきゃ見向きもしない。人間的な感覚を持っていればそれはできない態度だけど、人間的な感覚がないから、必要でないところは無視して、必要なところには人を殺してでも入っていく。
それが経営の基本ですよ。

●小泉、竹中の〝弱肉強食〟

佐高　アヘン戦争だって、茶葉の貿易のためにイギリスが仕掛けた戦争だものね。清国の国民をアヘン中毒にしてでも金が欲しいっていうのが動機だった。

辛　だから、資本主義経済は人を殺すんだという認識をしっかり持っていなければならない。人を殺す枠の中にいて、それをいかに暴走させないようにするかと努力するのが、労組をはじめとした労働者の役目なのに、今はそれができていない。社畜だから。

佐高　そして、経済がその論理で突っ走れば、必然的に勝ち組、負け組が生じるわけだよね。

辛　当たり前じゃないですか。弱肉強食ですよ。

佐高　それを救うのが政治の役目なんだよ。

辛　そうです。弱者救済ね。

佐高　ところが小泉、竹中たちは、その逆に、弱肉強食を推し進めている。これは政治ではない。

辛　そして、子どもを教育するとはどういうことかといったら、権力を監視する力をつけさせることなのに、今の方針は国家のために死ねということでしょ。だから、憲法九条、二四条、教育基本法がセットになって叩かれている。いかにしてバカを、無批判な臣民を作っていくか、というところに力点が置かれている。

前にも言ったように、日本は敗戦を機に、「二度と戦争をしたくない」と思ったのではなく、「二度と敗戦国になりたくない」と思って戦後を出発した。だから、今度はアメリカと一緒になって暴走していこうと思っている。事実、ずっとアメリカの兵站《へいたん》を担ってきたからね。その原動力が企業ですよ。

佐高　私は不思議に思うんだけど、なんで「アメリカがいつか敵国になるかもしれない」と思わないのかね。

辛　現に、牛肉問題でアメリカは、何がなんでも無理を押し通そうとしているしね。日本がのぞむ安全性が証明されていない段階で、ブッシュから「そこを政治判断でなんとかしてくれ」なんて言われて、本来なら断交ものよ。

佐高　アメリカこそが敵国になりうるのに、そうは考えないところが、本当に不思議でならないね。

辛　沖縄から見ると、アメリカという国がよくわかる。悪魔の顔もすれば天使の顔もするという両面がね。逆らったときには銃剣がくるしね。そしてブルドーザーで全部を壊してすべて消し去る。本当にバカだよ、日本の政治家は。

佐高　その一方で、「北朝鮮が怖い」とか「中国が怖い」という脅威論が横行している。もっと怖いのはアメリカだ、という認識がないというのは、やっぱり資本の論理に引っ張られているからかなあ。

●「怒らせたお前がいけない」

辛　小泉さんがよく言うよね。「なんやかんや言っても、日本と韓国はアメリカの同盟国であるから、だからうまくやってますよ」と。実にケッサクなコメントだよね。アメリカの核の傘の下で、アジア諸国がどれほど日本と不本意な手打ちをさせられてきたことか。その反動によって韓国の政権が変わったんだということの認識が、まったく欠けている。今の政治状況がわかっていない。あの人は本当に、日本語が通じない人だね。

佐高　交渉というのは相手と言語でもってコミュニケートするものなのに、彼の言語は相手を想定してない。「理解していただけると思います」なんて、独りよがりの独白に過ぎない。

辛　そうだよね。理解するのは相手なんだよね。盧武鉉との首脳会談で、小泉さんが靖国参拝について「戦争で犠牲になった人たちを追悼し、平和を願うものだ」と発言したとき、盧武鉉は「どんなにあなたの言葉を好意的に受け取ったとしても、韓国であなたのことを理解できる人は一人もいないでしょう」と答えた。小泉さんには、その言葉の意味がわからないのね。

「理解できないお前がいけない」という発想。これは男の論理ですよ。女を殴っておいて「怒らせたお前がいけない」と言ってるのと一緒でしょ。「俺のことをわかれ」と言ってるわけでしょう。

佐高　彼が女とまともな恋愛をしたことがないという証拠だね。

辛　その小泉さんの強硬路線というのは、アメリカにくっついていって、アメリカの兵站を担うという思想だから、これは経済界にとってはとてもおいしい。かりに彼がどんなに鈍感であったとしても、マーケットの拡大ができて産業が潤う限り、小泉さんはやっぱり使えるタマだ、ということになるわけよ。

佐高　小泉は経済の傀儡《かいらい》にすぎない。

辛　そうね。小泉さんが何かをしているというより、経済が動くことによって戦争への道を歩んでいくのであって、見なければいけないのは経済だね。経済の基盤が変わったから、たとえば女の社会進出も実現した。

根本にあるのは、経済構造の変化です。女をマーケットとして、また知的労働力として見たとき、この能力を使い切らなければいけないという状況に経済が変わった。だから、ウーマンリブの時代には、女は変わったけれど、重厚長大の経済構造は変わらなかったから、女の社会的地位は変わらなかった。経済が変われば社会が変わるし、社会が変われば政治が変わるし、政治が変われば教育が変わってくる。その勢いで、やっぱり経済が不況脱出の一つの手段として弱肉強食の強化と戦争というマーケットを望んだから、教育まで変わってきたわけ。

だから、政治家が変わったというよりも、経済からものを見ないと、日本の社会は見えないと思うね。

第四章　尽きないケンカの相手

佐高　信

批判すべき相手はたくさんいる

日本人は権威を〝軽信〟し、「怒り」を忘れてしまった。批判すべき相手はこんなにいる。また、批判している人も同じようにいる。あなたはただ知ろうとしていないだけだ。

●小泉政権がふやしたもの

古賀政男について書いていると言うと、驚かれる。

古賀と私が容易に結びつかないらしい。どうしてと重ねて尋ねて来る人には、「東京スポーツ」の連載を読め、と言っている。

「斬人斬書」も「人間讃歌」も共に私なのだが、辛口とかのレッテルに従って、前者を私と決めつけたがる人もいる。そうした人に昨年出た二つの拙著を紹介したい。

一つは、慶大教授の金子勝《かねこまさる》との対談『誰が日本経済を腐らせたか』（角川文庫）。これは五年前に毎日新聞社から出した本で、昨年、文庫化された。文庫化に際して新たに付け加えた対談では、金子が興味深い指摘をしている。金子はアメリカやイギリス等の外国の情報をチェックすると、日本の報道との著しいギャップに気づくという。そして予言をするから、「悪魔の予言者」と言われるほどに当たる。

「たとえば、アメリカの報道を見れば、小泉がなぜ北朝鮮への経済制裁をしないかすぐわかる。アメリカが反対しているからです」

もう一つは「サンデー毎日」連載のコラム「佐高信の政経外科」を中心にした『政財界メッタ斬り』(毎日新聞社)。こちらでも、私がもっとも「メッタ斬り」しているのは小泉純一郎である。

二〇〇四年春、福岡地方裁判所は小泉の靖国神社公式参拝は憲法違反だという判決を下した。この判決を書いた裁判官は遺書をしたためて、臨んだという。案の定、翌日、右翼が福岡地裁に街宣車で押しかけ、スピーカーの音を高くして抗議、というより脅したとか。

この判決について小泉は、「なぜ憲法違反なのかわからない」と一〇回余り繰り返した。それで私が「サンデー毎日」のコラムに、小泉には政教分離の原則を理解する能力がないのだと書いたら、抗議の電話が来て、

「お前は何様のつもりだ」

と怒鳴られた。私も怯《ひる》んではならじと、

「あなたはどなたですか、名乗りなさい」

と返すと、

「お前も名乗れ」

と言われた。

私が誰かわからずに電話をかけてきたとでも言いたいのだろうか。こうしたヘンな電話は小泉内閣になってから格段にふえている。そういう意味では、小泉は右翼を元気づけた首相なのである。『政財界メッタ斬り』の巻頭の小泉批判にも引いたが、元官房長官の野中広務《ひろむ》の靖国神社論はわかりやすい。

野中によれば、靖国神社は明治の初めに維新を成し遂げた官軍の志士を招魂社に祀《まつ》ったのが最初で、以来、靖国神社には天皇陛下の軍人として戦死した人を祀るようになってきた。それで、戊辰《ぼしん》の役で賊軍のレッテルを貼られた会津藩士は、まだ靖国神社に祀られていない。また、西南戦争で西郷隆盛と一緒に戦った島津藩士も祀られていない。さらに、日清戦争の乃木希典や日露戦争の東郷平八郎も祀られていないという。乃木は殉死、東郷は病死だからである。

そして一九七八（昭和五十三）年A級戦犯が合祀《ごうし》された。翌年このことが報道されると、その年の秋の例祭以来、昭和天皇はお参りをやめていたという。

『バカの壁』の養老孟司《ようろうたけし》まで、理屈抜きで拝めばいいんだと乱暴なことを言っているが、「バカの壁」は養老自身にあるのである。それをもじれば、小泉は〝バカ以前〟だ。

●「正義」とは何か

「週刊金曜日」の二〇〇五年五月二〇日号に私がインタビューした吉永小百合の「いまなぜ平和を語るのか」が載っている。実は吉永と私は同じ昭和二〇年生まれで、去年還暦を迎えた。

しかし、彼女は驚くほど若かった。

私は吉永の、原爆詩の朗読に感銘を受ける。加世田智秋《かせだともあき》編著の『語り継ぐあの八月を』（北水）で、吉永はこうつぶやいている。

「戦後何年、と、毎年、夏の終戦日が来るたび言われるでしょう。私の場合、その戦後が自分の年齢なんですよ。女としては少し抵抗あるけれど、逃げることはできない。この頃は、戦後と同じ年を誇りたいと思うようになってきましたよ。負け惜しみかな…」

この年の生まれには、作家の落合恵子、女優の栗原小巻、藤（富司）純子、そして、ミャンマーのアウンサン・スー・チーといった美女群と、『ナニワ金融道』の青木雄二、『突破者』の宮崎学《まなぶ》などの野獣群がいる。

戦争中に生まれたか、仕込まれているのだから、親たちはいわば〝非国民〟である。しかし、それだけに戦争を嫌い、何よりも平和を大事にしたいと思っている人たちが多い。タカ派の評論家の櫻井《さくらい》よしこは例外なのである。

吉永には子どもがいない。

その彼女はどういう思いで原爆詩を読むのか。

「若い世代に対して原爆詩を読む時は、やはり思いが違いますよ。どうか、他人をイジメない、暴力を振るわない、そんな子どもたちでいてほしいと祈る思いです。悲惨な戦争の事実を知り、将来へのいい選択をしてほしいですね。私の朗読は、自分のためもあるけど、子どもたちに呼びかけるように読んでいるのかもしれません」

ＪＡＬやＪＲに事故が続いているが、私はＪＡＬの何代か前の社長、松尾静磨《しずま》が訴えた次の言葉を改めてかみしめてほしいと祈るような気持ちである。

「臆病者《おくびょうもの》と言われる勇気を持て」

とくにJALなど、安全には念を入れなければならない。そんな事故に気をつけなくとも「臆病者」呼ばわりされるのを承知で、松尾はあえて「臆病者と言われる勇気を持て」と主張したのである。

平和についても同じことが言えるだろう。戦わない者は臆病者だとか言われる。しかし、非武装に徹することにこそ勇気がいるのである。表面的に勇ましい言葉を発する者ほど、きわめて臆病な人間が多い。第一、自衛隊を軍隊にと叫ぶ者は、たいてい二世や三世で、失うべきものを持っているお坊ちゃんであり、遺産を失うのを恐れて、番犬として軍隊を必要とする者たちである。

世にサユリストは多いといわれるが、彼らは、吉永が今、あえて憲法を変えるなと主張していることをどう思うのか。

ある会場で吉永は大平数子※の「慟哭《どうこく》」を朗読した。

子どもたちよ
あなたは知っているでしょう
正義ということを

大平数子（1923〜86）　詩人。現在の広島市西区で被爆し、夫と胎内にいた次男を亡くす。病床のなかで書かれた「慟哭」は原爆詩を代表する名作。

正義とは
つるぎをぬくことでないことを
正義とは
〝あい〟だということを
正義とは
母さんをかなしまさないことだということを
みんな
母さんの子だから
子どもたちよ
あなたは知っているでしょう

●反骨の人間たち

昨年、『ひとりひとりのいのち、ひとりひとりの人生』（七つ森書館）という本を出した。私は「毒筆啓上」という文章を書いているが、この本は毒筆ではない。まったく逆に、好きな人へのいわば讃筆である。

何年か前、「諸君！」という雑誌に副島隆彦《そえじまたかひこ》という人が「最後の進歩的文化人、佐高信の正体」なるレポートを書いて、その中で、佐高は、けなした人より、ほめた人が多いと報告していた。

全体としては私への悪口雑言だったが、その報告には私も驚いた。確かに数は少なくても信頼し、ほめたい人がいないわけではない。

『ひとりひとりのいのち、ひとりひとりの人生』で言えば、私よりちょっと年上の高木仁三郎《じんざぶろう》（反原発の市民科学者）や松下竜一（『豆腐屋の四季』から出発して環境権運動を展開した）、同い年の青木雄二（『ナニワ金融道』）、そして、わが師の久野収らだが、第一章に書いたこうした人たちはみんな亡くなってしまった。

第二章には野中広務や吉武《よしたけ》輝子、そして、岡部《おかべ》伊都子《いつこ》といった、凛《りん》とした生き方をしている人への讃歌を入れ、種田《たねだ》山頭火《さんとうか》への語りで締めた。

第三章の、土門拳《どもんけん》や藤沢周平、そして城山三郎や尾崎放哉《ほうさい》等の「人間を読む」を含めて、あるいは作家や俳人を取り上げていることに驚く人も多いかもしれない。しかし、山頭火の「甘さ」についての一文が「国文学　解釈と鑑賞」という雑誌から頼まれたものであることでわかるように、私はむしろ、経済よりは文学の〝評論家〟なのである。いや、と言うより、人間、それも反骨の人間の評論家と言ったほうがいいだろう。酒田出身の私としては自分を含めて「裏日本の反骨」というコトバをつくり、その人間像について、こう書き出した。

おれは荒磯の生れなのだ
おれが生れた冬の朝
黒い日本海ははげしく荒れていたのだ
怒濤《どとう》に雪が横なぐりに吹きつけていたのだ

おれが死ぬときもきっと
どどんどどんととどろく波音が
おれの誕生のときと同じように
おれの枕もとを訪れてくれるのだ

これは高見順※の「荒磯」という詩の一節だが、中野重治《しげはる》と同じ越前は福井出身の高見順

高見順（1907〜65）　小説家。東大在学中よりプロレタリア文学運動に参加し、自嘲的青年像を描いた『故旧忘れ得べき』で注目された。

と、出羽庄内出身の土門拳や藤沢周平に共通するのは、裏日本の荒磯の「とどろく波音」を聞いて育ったということである。彼らには、「裏日本」といって蔑《さげす》んできた「表日本」に対する烈々たる反骨精神がみなぎっている。それを私は「裏日本の反骨」と名づけた。

「冬の日本海を知らずして藤沢文学はわからない」

強烈な反発が来るのを承知で私はこんなことを言い続けてきたが、日本海はやはり冬のそれでなくてはならないのである。あえて言えば夏の日本海は日本海ではない。

「冬は来る日も来る日も怒号を繰り返す」と日本海を形容した藤沢は、「東京の冬は、晴れて日が射せば春かと思うほどあたたかいが、郷里の冬にはそういうあいまいさはなく、冬は冬である」と指摘している。

その厳しい冬の中で食べるからこそ、寒鱈《かんだら》のどんがら汁はうまいのである。鱈のすべてを私たちは余すところなく食べる。

●日本人の「軽信」を衝く

読者の方に薦めたいDVDがある。※五味川純平《ごみかわじゅんぺい》原作の日活映画『戦争と人間』が昨年新たに発売されたのだが、日本の現代史を知るのに、これほどおもしろくてためになるテキ

五味川純平（1916〜95）　小説家。'43年に召集に応じ、対ソ連戦に従軍。捕虜生活を経験し、それらの体験から大作『人間の条件』を著した。

ストはないだろう。

中で「誰の戦争」か、「誰のための戦争」かという問いかけが出てくる。今度のイラクへの爆撃について「ブッシュ戦争」、あるいは「ブッシュのための戦争」とも言われるが、それを支持して「小泉戦争」をしている小泉純一郎に〝人道支援〟とかいう名目のために派遣されている自衛隊員は肚《はら》の底から納得しているのか。

「ブッシュの戦争」がすなわち「アメリカの戦争」ではないように、「小泉の戦争」がそのまま「日本の戦争」なのではない。支配している者は国民をそう思わせるように引っ張っていくが、イラクへの自衛隊派遣、すなわち派兵には自民党内にさえ反対意見があるではないか。

原作にもあるのだが、私は次のセリフが忘れられない。親のない兄弟二人だけの、兄のほうが、兵隊にとられて出征する前、まだ幼い弟にこう言うのである。

「信じるなよ、男でも、女でも、思想でも。ほんとうによくわかるまで。わかりがおそいってことは恥じゃない。後悔しないためのたった一つの方法だ。

威勢のいいことを云うやつがいたら、そいつが何をするか、よく見るんだ。お前の上に立つやつがいたら、そいつがどんな飯の食い方をするか、他の人にはどんなものの言い方をするか、ことばやすることに、裏表がありゃしないか、よく見分けるんだ。自分の納得できないことは、絶対にするな。どんな真理や理想も、手がけるやつが糞みたいなやつなら、真理も理想の糞になる」

これこそ、日本人の軽信を鋭く衝いた言葉だろう。懐疑をくぐらない、深い懐疑によって鍛えられない軽信をするからこそ、簡単に裏切られて、「だまされた」と騒ぐことになる。

この兄、標拓郎は反戦運動の容疑で逮捕され、監獄に入れられたあと、出征して戦死するが、弟の耕平もまた、同じような道をたどることになった。

しかし、伍代という財閥の息子たちは徴兵を免れる。今、勇ましいタカ派的言動をしている小泉以下、安倍晋三、麻生太郎、中川昭一らは、そろいもそろって、二世、三世のお坊ちゃんであり、自分は前線に行かなくていいと思っている。彼らが二等兵で行くことはないだろうし、つまり、死ぬのは自分ではなく、あくまでも国民という名の他人なのである。

「こんなバカげた戦争で殺されてたまるか」と兵士が叫ぶ場面があるが、安倍などを支持するバカ者どもに私は言いたい。「あなたは戦争に行って死ななくてすむと思っているのか」と。

二〇年余り前にインタビューしたとき、これを経済小説として取り上げたいと言った私に、五味川純平はズバリと、「戦争は経済だからね」と言い切った。

しかし、作中で作者の分身ともいうべき伍代俊介が指摘しているように「軍人は数字も精神で膨らませる」。浅丘ルリ子や吉永小百合が登場する恋愛ドラマでもある『戦争と人間』は韓流ドラマよりずっとスリリングだと思うが、どうだろう。

●小泉に従う者たち

猪口邦子《いのぐちくにこ》というオバハンの気持ち悪さは耐え難いものがある。こんな女性が支持するというだけで「小泉改革」がマガイモノであることがわかるだろう。小泉へのイエスウーマンだけをふやして、あるいは杉村太蔵《たいぞう》とかいうとんでもないガキ（イエスチルドレン）を登場させて、小泉劇場という三文芝居は終わった。

猪口をはじめ、佐藤ゆかり、藤野《ふじの》真紀子、そして、高市早苗《さなえ》や小池百合子《ゆりこ》ら、〝純一郎ウーマン〟はすべて「ステータスマンガー」である。愛情乞食ならぬ地位乞食で、権力や地位がほしくてたまらない。猪口が選挙に出たのは、明らかに上智大学の学長選挙で負けたからだった。力もないのにプライドだけは高い彼女にとって、それはこの上ない屈辱だったろう。それでそれを取り戻すために議員になろうとした。

私はかつて、「噂の眞相」という雑誌で猪口を次のように斬ったことがある。

あるテレビ局では、上智大学教授の猪口邦子のことを密《ひそ》かに〝おてもやん〟と呼んでいる。びっくりするほどに頰を赤く塗って登場する姿が、カスリの着物のおてもやんにそっくりだからである。

その猪口が行政改革会議の委員として、財政と金融の分離、つまり大蔵省（現財務省）の分割に反対したという。

「通貨と金融は表裏一体で、対外的な通貨大国としてのプレゼンスを考えると、財政が必要」という理由かららしい。

大体、猪口などが、なぜ行革委員となっているのか、私にはさっぱりわからないが、これでは、大蔵省に言われたことを、腹話術の人形よろしく、そのまま言っているだけである。

「大蔵省の不祥事や透明性に欠ける行政、慢心などは大いに反省を促す必要はある」と会議のあとで付け加えても、「不祥事や透明性に欠ける行政」が国際的な不信を招いていることがわかっていないことにかわりはない。こうした議論を本末転倒の議論という。

これは今から八年ほど前に「わかっているような顔をして、まったくわかっていない」人間の典型として、大前研一と猪口を並べて斬ったものだが、何年経っても〝おてもやん〟の赤い頬は変わっていない。注意する人間がいないのか、注意しても他人の言うことは聞かないのか。

いや、こうした人間は、お世辞を聞く耳は持っていても批判を聞く耳は持っていないのである。

その点では小泉と同じということになる。外務大臣が約束されているとか言われるが、彼女が外相になったら、世界に恥をさらすことは間違いない。小泉はブッシュのポチだが、彼女はポチのポチで、自分の意見を持っていないからである。もし、外相になっても、小泉に逆らって、イラクから自衛隊をすぐにも撤退させるといったことは考えられない。

その点は片山さつきも同じ。そろいもそろって権力病患者が並んだが、そういう女しか小泉を支持しないということだろう。

あるいは、鼻の下をのばした男たちが、彼女らに票を入れ、結果的に小泉自民党を大勝させたのかもしれない。その報いは必ず来る。

小泉は当然のように靖国神社に行くだろうし、そして、中国との関係はほとんど絶縁状態になるだろう。韓国との関係もそうである。それでいいと判断して小泉に投票したのか。私はそれを厳しく問い質《ただ》したい。

●本物の右翼が語ること

学生時代に共産党に入り、のちに転向して「本物の右翼」になったと語る田中清玄《きよはる》※は、『田中清玄自伝』（文藝春秋）で、靖国神社というのは長州の護国神社のようなものに過ぎず、皇室とは何の関係もないのに、それを拝ませているのはおかしいとし、

「俺のような会津藩の人間にとっては、何が靖国神社だぐらいのもんですよ。しかもどれぐらいこの勢力が、今も日本を軍国主義化するために動きまわっていることか」

と吐き棄てている。

そして、現天皇は即位されて以来、一度も靖国神社に行っていないと言い、昭和天皇も敗戦直後に一度行っただけで、その後は行っていない、と続ける。

田中清玄（1906〜93）　実業家。帝大在学中に共産党で武装闘争に参加したが転向。建設会社経営の傍ら争議・闘争で陰から多くの活動の支援をした。

清玄によれば、昭和天皇の重臣たちを殺し、「陛下の政権を倒して、その平和政策を粉砕しようとした連中を神にまつるという」非常識なことを靖国神社はやった。

それで昭和天皇は、

「これでいよいよ私は靖国神社へ行けなくなった」

と言ったという。

清玄一流の毒舌で、鄧小平《とうしょうへい》が来たときに、鄧が陛下に会うのなら、その前に靖国神社にお参りせよ、と言った「馬鹿な右翼」も次のように叩かれる。

「陛下が訪中されて鄧小平さんに会う前に、四川省か山西省か、どこか田舎のお寺をお参りしてこい、そうでなければ会わさないと、まったく逆のことを言われたら、日本人はどう思いますか。それとおんなじことだ。これほど陛下をないがしろにする話はないじゃないか。これで何が皇室崇拝だ。嘘とごまかし、それに時間をかけてもみ消すことだけだ。なぜ政府や官僚どもはこんなことを放置しておくのですか。

しかも、もっとひどいのは、それを今、大挙して国会議員たちが、年寄りも若いのもふんぞりかえって参拝していることだ。今年も去年より何十人増えたとかいって騒いでいる。この政治家たちは『平和、平和』って、一体何を考えているんだ。彼等が平和って言ったって『戦争をやるための口実だ』ぐらいに思ったらいいですよ。俺は断固反対だ。この問題ははっきりしている。こういうことは遠慮会釈なく叩かねばいかん」

まるで小泉純一郎に向けて言っているような言葉だが、この自伝がまさに清玄の〝遺書〟となってしまった。もちろん、小泉やそれに迎合する政治家たちは『田中清玄自伝』を読んではいないだろう。

「靖国公式参拝なぞとんでもない」と怒ったこの〝本物の右翼〟は、また、

「いま一番危険なのはね、湾岸戦争でもそうだったが、日本の艦隊や自衛隊を派遣しろという根強い声が依然としてあるでしょ。国際情勢から見たら当然だと思うかも知らんが、日本の内部事情を見ますと、それがきっかけになって日本には軍国主義復活の危険性が常にあるんですよ」

とも忠告していた。

石橋湛山《たんざん》が内閣を組織して閣僚名簿を昭和天皇のところへ持って行ったとき、天皇は外務大臣の岸信介《のぶすけ》の欄を指差し、

「これは大丈夫か」

と言ったという。岸嫌いの清玄にとっては忘れられない話だったが、その戦争犯罪人の

岸の系譜の派閥に属するのが小泉であり、岸の孫が安倍晋三である。いずれも清玄が警戒した思想をもつアブナイ政治家と言わなければならない。

●己の無知を自覚すべし

社会思想社という出版社があった。歴史のある良心的な出版社だったが、残念ながら、数年前に倒産してしまった。そこが出している現代教養文庫の一冊に、私は『タレント文化人100人斬り』を入れ、これはベストセラーになった。「噂の眞相」という雑誌の連載を文庫にしたものである。田原《たはら》総一朗や司馬遼太郎、それに長谷川慶太郎やビートたけしをバッサバッサと斬ったので、大手の出版社からは出せなかった。今度それを筑摩《ちくま》書房のちくま文庫に入れてもらった。題名は「噂の眞相」連載時のそれに戻して『タレント文化人筆刀両断！』。削ったり加えたりして、取り上げた人数は累計一四〇人ほどになったが、断然トップは猪瀬《いのせ》直樹である。あまり影響力もなくなったしとカットしてしまった人に上坂《かみさか》冬子がいる。これはしかし残しておいたほうがよかったかもしれない。そこには大要こう書いた。

日曜の午後一時から始まるTBSの「噂の！　東京マガジン」という番組に〝平成の常

識・やって！ＴＲＹ？〟なるコーナーがある。いまどきのギャルが料理に挑んでとんでもないものをつくったり、四文字熟語のあいているところに仰天するような漢字を当てはめたりする。

いつかは「大安○日」の○の空白部分に「売り」と入れたコがいて、引っくり返った。もちろん、マジである。

西尾幹二《かんじ》が会長の「新しい歴史教科書をつくる会」の呼びかけ人に、エッセイストの阿川佐和子や作家の林真理子の名を見出して、このギャルたちを思い出した。

ある編集者に聞いたところによると、林は四文字熟語の読み方をまちがえて覚えていたことがあるらしい。注意したら、あわてて、黙っていてね、と頼み込んだとか。それは「厚顔無恥」を「厚顔無知」と思い込むようなものである。しかし、林や阿川、そして、小林よしのりには、マチガイの「厚顔無知」のほうがピッタリだ。前記の例に引っかければ「無知の大安売り」である。

無知はそれを自覚しさえすれば、けっして恥ずかしいことではない。自覚することなく、あたかも自分が歴史を知っているかのように装って、もしくは居直って、こうしたものに名を連ねることが恥ずかしいのである。これをゴーマンムチという。

『歴史はねじまげられない』などと声高に主張している上坂冬子は、阿川や林のアネゴだろう。この人も、いくつになっても己の無知を自覚しない。

上坂は、※粛軍演説《しゅくぐんえんぜつ》の斎藤隆夫も、戦犯首相の岸信介も一緒くたにして、リーダーシップ、リーダーシップと言うが上坂が求めるそれは、私には弱者がひたすら強者を求める声にしか聞こえない。

従軍慰安婦問題について『償いは済んでいる』という立場の上坂は「相手を責めずすべてを自らの責任とするのは、人格的にも実力としても余裕に満ち優位に立つ者の態度です」と言い、韓国の大統領だった盧泰愚《ノテウ》が来日して国会で演説したときの言葉を引きながら、「韓国の心の深さと国家としての余裕」を称揚している。ならば、それを日本と日本人が発揮すればいいではないか。

上坂の同類の〝困ったちゃん〟に曾野綾子《そのあやこ》や塩野七生《ななみ》がいる。塩野を私は〝おんな司馬遼太郎〟と言っているが、「噂の眞相」編集長の岡留安則《おかとめやすのり》によって「佐高式批評の真髄」といわれた連載の集大成の文庫を手に取ってほしい。

粛軍演説　立憲民政党の代議士・斎藤隆夫が1936年5月7日の帝国議会で、二・二六事件を受けて、軍部の過剰な政治への関与を批判した演説。

●名は文化を表す

年賀状の季節に、平成の大合併で市や町や村の名が変わったことに気づく人も多いだろう。私は市町村合併は銀行合併と同じで、とにかく大きくなれば何とかなるではどうにもならないと反対してきた。

ヘンなことで有名になったみずほ証券の名は、もちろん、第一勧業銀行と富士銀行と日本興業銀行が合併して誕生したみずほという銀行に由来する。そのなかの第一勧業銀行は合併銀行で略式のDKBをもじってデクノボー銀行などと呼ばれてきた。だから、みずほは大デクノボー銀行なのだとヤユしてきたが、みずほ証券の大きなミスはその片鱗《へんりん》をうかがわせたわけである。

地名には企業の名を冠したものもある。たとえば、トヨタ自動車の本拠地の豊田市で、ここは以前は挙母《ころも》市だった。万葉集にも出てくる由緒ある地名を、トヨタは不粋な名前に変えてしまった。

三重県鈴鹿市はホンダのサーキットがあるところで、鈴鹿市では、ホンダの創業者の本田宗一郎《そういちろう》に、

「本田市に変えてはどうですか」

と誘いをかけたら、本田は、

「地域があっての企業です。企業あっての地域ではありません」

と、それを断ったという逸話がある。

今度の合併で、危うく誕生しそうになったのが「南セントレア市」である。愛知県の知多半島の二つの町が合併して、この名をつけようとしたら、全国から非難が殺到して、住民投票を行うことになり、その結果、合併そのものが立ち消えになった。

村もずいぶん消えてしまったが、これは小泉内閣が推進する「小さな政府」論に逆行するのではないか。「小さな政府」の原点が村ではないのだろうか。

上からの合併に逆らって、あくまでも合併しないと宣言しているのは、福島県矢祭町の町長、根本良一である。

自立を掲げた矢祭町は、人口増を期して、昨年の春から、第三子以上を出産した町民に「赤ちゃん誕生祝い金」一〇〇万円を支給している。町議会議員の数を一八から一〇に減らすとか、職員も五〇人にまで落とすとかの「行政改革」を進める一方で、こうした前向きな施策も打ち出しているのである。

この根本と「週刊金曜日」で対談したのは二〇〇三年の春だったが、半強制的な「昭和の大合併」について、根本が悲痛な思いで次のように語ったのが忘れられない。

「合併は聞いて極楽、見て地獄ですよ。住民同士が拮抗《きっこう》して、井戸に毒を入れられるとか、火付けされるんじゃないかとか、疑心暗鬼になって。消防団や青年団を結成して夜警して、延々と一年間は稲刈りもできなかった。農民兵のような援農隊もありました。そのうち、葬式や結婚式だけを一緒にやる親戚《しんせき》同士や隣組のようなグループまで引き裂かれてしまったのよ」

私が、住民の中からどうしても合併したいという希望がないのにおかしいではないか、まるで強制結婚のようだと応ずると、根本は、

「全国では首長が二四〜二五人も自殺に追い込まれましたよ」

と胸を詰まらせた。

地名にこそ、その地域の文化が表れる。殺人ならぬ殺名を強行する合併は、その意味できわめて非文化的な蛮行である。山梨県の南アルプス市など、市民は恥ずかしいと思わないのだろうか。

第五章　二世が日本を駄目にする

辛　淑玉
佐高　信
上野千鶴子

一、二世社会は階層社会

政界の「二世議員」、企業の「ジュニア」など、政財界は世襲による「二世」ばかりだ。エリートがエリートを生む階級構造は、社会に確実に「つけ」を残していく。

●「二代目社会」のかかえる〝つけ〟

辛　議論が加熱したところで、上野千鶴子《ちづこ》さんにも加わっていただき、「二世」について話そうと思います。政治家の二世でも、経済界の二世でも、老舗《しにせ》の二代目でもいいんですが、いろんな切り口で二世というものについて語ってみたいなと思っています。

上野　二代目と言えば、『サヨナラ、学校化社会』という本に書いたんだけど、学校化社会で序列をつけられて育ってきた人たちが、今、見事に次の世代に入っているのよね。

共通一次試験以降の世代が学校化世代だとしたら、その人たちが、今、二世代目を育てている。今の小中学生の親の世代が共通一次試験世代、つまり新人類世代だから、学校的な価値のなかにどっぷりつかって育った人たちが、それをそっくりそのまま子どもの世代に再生産している。

辛　環境が変わっても、その当時の状況で教育を施していると。

上野　自分の生き方のなかに、学校的価値以外の選択肢のない人たちが親になったり、教師になったりしているということ。

佐高　だから私は教師が勤まらなかった（笑）。

上野　なるほど。だから日本の社会というのは、戦後、実にうまく、ねらった通りに保守的な国民の再生産をやってきたと言えるのよ。つまり、望んだ通りの結果が出たそのツケを、今になって支払っているとしか思えないのよね。

たとえば、教師をこれだけ締め上げて、管理体制のもとに置いて、同調圧力をかけて、君が代・日の丸を強制して、言うことを聞くようなやつらしか管理職にとりたてず、そういう連中のもとで、目の上の髪の毛が眉《まゆ》にかかっているかどうかとか、スカートは何センチかと物差しではかるような教育をしてきた。

そういう教師に向かって、今ごろ総合学習をやれって言ったってできっこない。そしてそういう教師のもとで教育を受けた子どもたちが今や親になって、同じ価値観で自分の子どもを育てているわけだから。
　今、これではいけない、変わらなくちゃという時期に来て、でも、どうやって変わったらいいかわからないという人たちがちまたにあふれているけれど、それは、実に見事に日本の戦後保守政治のねらった通りの国民の再生産だった、という気がつくづくする。
辛　その国はどうなりますかね。
上野　それは滅びるでしょう。
佐高　はっきり言うね（笑）。でもたしかに滅びるよ。竹中平蔵《へいぞう》ってまさに、上野さんの言う学校化社会にずっと身を任せてきた人物だから「資本主義社会は弱肉強食」なんだって、はっきり言ったよね。
辛　だから政治は弱者救済のためにあるんだろうと思うけど、彼は自分がその救済すべきポジションにいるということがわかってないんですね。
上野　慶應系の経済学者というのは、アメリカのリベラルエコノミクス※を学んできた、要するに植民地知識人なんですよ。アメリカでPh.D.（博士号）をとって英語で論文を書かないと、経済学者として一人前じゃないわけ。だからアメリカの市場経済の原理をそのまんま直輸入して、これが正しいという模範解答を書いている。その模範解答を日本でその

リベラルエコノミクス　自由主義経済学。とくにここでは政府の機能を縮小し、規制緩和、市場主義を推進する経済思想を指す。巨大な財政赤字を解消するためにアメリカ・ヨーロッパで用いられた。

ままやれって言ってるわけです。

ところが、この二〇年間にヨーロッパが何をやってきたかというと、社民路線で、市場経済とはまったく原理が合わない福祉国家の原理を接ぎ木してきた。その過程で、たとえば、外国人をどんなふうに処遇するかとか、市民権をどう拡大していくかということを調整してきてる。それを慶應系の経済学者たちはまったく見てない。そして、アメリカさんがいちばん正しいと思ってる。

佐高　さらに悪いのは、まさに学校で、一年ぐらいたつと教科書を変えるんだよ。これは

上野 千鶴子
1948年、富山県生まれ。社会学者。東京大学文学部教授。著述・講演などを通じてフェミニズム・女性問題を手がけ、アグネス論争、女性兵士、慰安婦問題など多くの論争で活動。その歯に衣着せぬ発言はファンも多く、現在は家族、介護、福祉、教育などの分野でも発言を続ける。主な著書に『資本制と家事労働』『スカートの下の劇場』『サヨナラ、学校化社会』などがある。

ちょっと古くなったとか、自分の考えとちょっと違うかなとかいうことで、教科書をくるくる変える。竹中だって、言ってることがくるくる変わってるからね。そういうふうに、現実から入らずに教科書から入るから、変えていけるのね。教科書を勝手に変えたって、現実はぜんぜん理解できないんだけどね。

●エリートがエリートを生む階級構造

辛　だけど、いちばん社会が変わるときというのは、弱いものが潰《つぶ》されていくんですよ。どんなときもね。そこに目を向けないとだめだね。でも、二世エリートとか、いわゆる「育ちのいい」人たちというのは、そこら辺が見えないよね。そういえば、学問エリートの世襲というのも多いような気がするんですが、どうなってるんでしょうね。

上野　私の勤め先の東京大学で、最近、入学者のデータを見てびっくりしたの。大学ランキングで偏差値ランキングと親の経済地位が相関しているというのは、一九八〇年代から言われてきているんだけど、日本の高校では私学在籍の学生数が三〇%弱なのに、東大合格者数のうち私学出身者が五〇パーセントを越してる。結局、私立高校に行けるだけの親の経済力が必要で、エリートがエリートを生むという構造よ。だって名門私学の高校だと授業料が年間一〇〇万円以上するでしょ？

辛　授業料が一〇〇万だとすると、その他のいろいろな経費を含めると、だいたい一五〇万円ぐらいかかるってこと？

佐高　もっとするよ。

辛　とすると、年収三〇〇万円や五〇〇万円のおうちでは高校は私立には行かれない。

佐高　つまり、私立校から東大というのは、制度としての二世みたいなもんだよな。

上野　制度としての二世の再生産サイクルに入ったといえるでしょう。

辛　それは見事な階級化社会ですね。

上野　うん。それが政治の世界にも表れている。国会議員に政治家の二世が急激にふえたのは八〇年代ですよね。

辛　今は、国会議員のうち世襲議員が約一二〇人だって（二〇〇二年一〇月現在）。

上野　小泉首相も安倍晋三も、麻生太郎、中川昭一と、み〜んな世襲政治家。

佐高　小泉も、この言い方はあんまり好きじゃないけど、いわゆる「下々」のことをわかってないね。銀行と中小企業の微妙な関係とかそんなこともわからないやつが、経済や銀行を語ってほしくないね。あれも親のあこぎな商売に引きずられた二世の弊害だね。田※

中秀征《しゅうせい》が、「二世というのは、存在は許されても、行動は許されていない」と言ったのは言えてるね。

上野　そう、二世に生まれたのは本人の責任じゃないけど、その上にアグラをかいてもらっちゃ困る。

佐高　だから、動いちゃダメなのね。余計な動きをするな。二人羽織みたいに、我々が動かすからという話なの。

辛　小泉さんは誰が動かしている？

佐高　姉だと言われてるけど、それは嘘で、結果的には銀行と財務省ですね。

だけど、政治家は、一世がすごくあくが強くて、二世はあく抜きみたいなところがあるよね。河野《こうの》一郎から見れば、河野洋平は一世をあく抜きしたみたいな感じがあるでしょう。田中真紀子は二世なのに充分あくの強さを残してるけど。

上野　たしかに。それに河野さんちは河野太郎という三代目さえ出てますね。

佐高　あそこも世襲が徹底してるよね。それに、鳩山一家もすごい（現衆議院議員の由紀夫と現衆議院議員の邦夫《くにお》兄弟の父は元外務大臣の威一郎《いいちろう》。祖父は元総理大臣の一郎。曾《そう》祖父は元衆議院議長の和夫）。

田中秀征（1940〜）　元・経済企画庁長官。自民党離脱後、新党さきがけ旗揚げに参加。「質実国家」を提唱し、理論的指導者の立場にあった。

●ジュニアにはわからないもの

佐高　でもジュニアといえば、俺はＪＣ※（日本青年会議所）ってとこがいちばん嫌いな団体ね。

上野　ジュニアの集まりですね、たしかにね。

佐高　やっぱりあいつら、失うものを持って生まれてくるから、やたら保守的になるんだね。

辛　保守的ですね。そのＪＣの会員から、いちばん多く聞かれる質問って何だと思います？　村おこしとか何かの催しで呼ばれていくと、よくＪＣのメンバーが来てるんですが、同じ質問を、四カ所ぐらいでされた記憶があるんです。

上野　女の子のくどき方？

辛　あーっ、ちょっと違うけど、すごく近い。答えは「女性が会員として入ってくれないのはなぜですか。入ってきてもすぐ出ていってしまうんです」と言うの。

上野　そんなの当然じゃない。私、「オヤジ」っていうのは年齢と関係ない概念だと言っているんですが、ＪＣってのは若くても「オヤジ」の集まり。ＪＣのパーティーに行くと、

JC（日本青年会議所）　各都市の青年会議所を束ねる社団法人。20歳から40歳までの会員で構成され、小泉純一郎や麻生太郎らもJCのOBである。

コンパニオンと称するど派手な恰好《かっこう》をした露出度の高いおネェさんたちが出てくるのよ。芸妓さんと遊んだ彼らのオヤジ世代とどこが違うわけ、と思ってしまう。

こんなオヤジ的なふるまいしてるところに女性の会員が入ってくるわけないだろうがって思いますよ。

佐高　そんなの、あいつらにわかるわけないじゃない。

でも、俺がＪＣを嫌いだと言ってたら、生意気にも「そういう人に来ていただきたいんです」とか一丁前なことを言うんだよね。受けとめる力もないくせに、批判を受けとめよう、という恰好でおれを呼ぶわけだよ。で、くそおもしろくないけども、一度ぐらい冷やかしにいくかっていったわけ。

辛　何を話してきたんですか。

佐高　インタビューされて「ＪＣに期待するものは」とか生意気にも聞くから「何もねえ」って言った（笑）。

上野　佐高さんは、きちんと自分のニーズをわきまえていますよね。不況になってから、「佐高さん、あなたの時代が来ましたね、あなたは不況型知識人です」と言ったことがある。

知識人のなかに好況型知識人と不況型知識人というのがあるとしたら、長谷川慶太郎とかバブリーなことばっかり言うのが好況型知識人で、佐高さんのように辛口で耳に痛いことを言うのが不況型知識人。だから、不況が来て、とうとうあなたの出番になりましたねと言ったときに、佐高さんが何て言ったか覚えてる？

佐高　うん？

上野　覚えてない？　そのとき佐高さんが言ったのは、「そんなことないんだ。やっぱり耳に痛いことは、景気がいいときには聞く余裕があるが、本当に不況になると聞きたくないもんだ」と言ったのよ。大当たりでしたね。

●二世が社会をダメにする

辛　でも、たしかにそうですよね。だって、今、講演の依頼が来ると、「元気の出る話をお願いします」とかって言われますもんね。

佐高　うん。そういうことを言うんだよね。お前らがはびこってるから元気の出ない社会になってるんだよ、と言いたいね。

辛　二世がはびこる社会というのは、大概みんな衰退していく社会ですよね。

上野　それは、世の中を変えたくないというか、現状を維持したい人たちが二世に多いから。私は、ソルトレークシティの冬季オリンピックで日本ジャンプ陣が負けたときの団長の記者会見がものすごく印象に残ったんです。

辛　何て言ったんですか。

上野　あのとき惨敗したでしょう。四年の間に国際ルールが変わっているのに、彼らは訓練法を変えなかった。それで、どう言ったかといったら、「これまでいい結果が出ていたから、やり方を変える必要を認めなかった。でも、今回これだけ悪い結果が出たから、やり方を変えざるをえないところに来ました」って。

それは実に見事な言い方。私、経営者の団体でこれをしょっちゅう言うんです。成果が出てる間は、基本に戻って方法を変えようなんて誰も思わない。成果が出なくなってから初めて、はたと我に返って、何かやり方に問題があるんだろうかと考える。

こんなに長く続いた不況のおかげで、やっと構造改革が動き出したんだから、方向は別としても、変化のニーズを感じ始めたのはたしか。つまり、二世を奉っているような社会というか、現状維持ではもたないということに多くの人が気がついたというのは、けっこうけだらけと私は思ってるんです。

●北朝鮮とアメリカと日本に共通するもの

辛　でも、今、たとえば、北朝鮮は金正日、二世ですよ。ブッシュ、二世ですよ。小泉さんも世襲（三世）ですよ。冷戦構造のあとの退廃と衰退の象徴のような、この三つの国が、今世襲で動いている。

上野　そうね。変わらなきゃという事態に立ち至っているのに、変え方がわからない無能な人たちがリーダーになっているという状況よね。息子ブッシュは父ブッシュと同じことやってるでしょう。

辛　というか、変えたくない人たちじゃないかなと思って。冷戦構造って暴力による支配でしょう。冷戦が終わっても、また新たなかたちで暴力による支配をやろうとしてるじゃないですか。変えたくないんだと思う。

佐高　金正日もブッシュも小泉も、おやじに対するすごいコンプレックスと変な親近感の、両方を持っている。だからイラクの対フセイン戦ってブッシュのおやじの復讐《ふくしゆう》戦だとかと言うじゃない。あれ、あながち嘘じゃないと思うな。

辛　彼はパパに褒められたいんですよ。それで、小泉さんは、先代よりでかいことをしたいという願望で動いている。

上野　田中真紀子もそうでしょう。外相を辞めずにいて、日中国交回復三〇周年式典に、錦を飾りたかったでしょうね。

●プライドは男の急所

辛　でも、辻元清美《つじもときよみ》さんといい、男に逆らった女というのは、見事にみんな、ばんばん駆逐されましたね。

上野　そうですね。今、辛さんがターゲットになってるんじゃないですか。

辛　私なんてかわいいものですから大丈夫（笑）。上野さんは私の師匠ですから、ばしばし先を歩いてくださいよ。私、初めて会ったときのあの感動を忘れませんよ。

数年前、あるシンポジウムで上野さんに論破された評論家が、今もそのことを悔しそうに口にしていたんです。私は割と武闘派じゃないですか。武闘派の私には、あんまりやられたって感じがしてないのね。

でも、上野さんのような理論派に少ないエネルギーでばさっと切られてぐうの音も出ないというのは、男をこんなに悔しがらせるものなのかと、あらためて思い知ったんです。

上野　やっぱり正面切ってやられるよりも、こけにされたというのは、男はいちばんこたえるみたいね。プライドというやわな装置を持ってるもんですから。

辛　あははは。男の人のプライドってすごいですね。メンツつぶしたらとんでもないことになりますものね。

上野　後々まで恨まれますよね。踏んだら危ない地雷みたいなものですね。

辛　なんか今、黙ってますね、佐高さん（笑）。

佐高　（笑）。でも、勲章が欲しいんだよ、男はね。ＪＣは今肩書がなけりゃ、前理事長、次期理事長とかって肩書の名刺を平気でよこすしね。

上野　次期理事長っておかしいですねえ。それならいっそのこと次期総理大臣とか名刺をつくったらおもしろいでしょうね。

辛　でも、ほんと元何々っていう名刺の人、男の人によくいますよね。

上野　名誉教授とかね。

辛　「元」も「前」も要らないんじゃないかと思うけど。

上野　「今」で勝負している人って、いいですよね。

佐高　お言葉ですが、今ちゃんとできないから、「元」に行くんじゃない。

●文壇の「二世」たち

辛　たしかに。今を自分で切り開けないから肩書にすがる。それに、社会も個人の能力で勝負させせないような風潮になってる。

この間、芸能人の二世をどうして使うのかというアンケートがあったんですよ。そうしたら、使う側の理由として、名前が売れやすいから、番組の宣伝になるから、親が芸能人だと現場で上がらないから、というのがあった。つまり、基本的に能力はまったく関係ないんですね。

上野　人気商売では、能力と人気が関係しないというのはわかりますけども、能力と関係あると思われているような文学の世界も二世だらけでしょう。江國《えくにか》香織《おり》もそうだし。

辛　よしもとばななもそうだし。

上野　芥川賞も直木賞もタレント生産装置だから、やっぱりセールス戦略で、話題性のある人を選んでいるんでしょうね。

佐高　文壇はね、いろいろ楽屋話がある。おれ、江藤淳《じゅん》と対談したときに聞いた話をばらして、吉本隆明《たかあき》をすごく怒らせたことがあるんだ。

森鷗外《おうがい》に関する講演会が鷗外記念館であったとき、江藤淳が講師で行ったんだって。そうしたら、その近くに吉本は住んでるじゃない。それで聴衆で来てて、講演が終わったあと、「江藤さん、時間ない？」と言うから江藤淳が「ちょっと時間ない」と言ったら、「娘のとこに寄ってもらおうと思ったんだ」って言ったんだって。

辛　おおーっ。

上野　親ばか。

佐高　江藤は、吉本でさえそんなことを言うのかと、おれにも教えてくれたわけ。それを、江藤淳が亡くなったあと、「噂の眞相」で書いたのよ。そうしたら、吉本、怒ったらしい（笑）。編集者から聞いたとき、おれは快哉《かいさい》叫んだね（笑）。

上野　そうか、それは昭和文壇史秘話ね。

二、社会を硬直化させないために

社会が硬直化すれば、弱者は希望さえも持てない。だが、弱者が小泉や石原を支持する悪循環が生まれている。この流れを打ち砕くために知るべきことがある。

●なぜ左翼の子どもは右翼になるのか

辛　私はずっと不思議に思っていることがあって、右翼の子どもはちゃんと右翼になるじゃないですか。それなのに左翼の子どもの少なからぬ数が見事に「右翼」になるでしょう。あれはなぜだろう。

上野　あたりまえだと思う。左翼はタテマエの思想、右翼はホンネの思想だから。外国人と仲良くしましょうってタテマエの思想、嫌いだから出てけっていうのがホンネの思想なのよ。タテマエは、非の打ちどころのない、後ろめたいところのない人が言わないと、タテマエはタテマエにならない。

ところが、大概の人は、非のうちどころがいっぱいあってタテマエを言ってる。それをいちばん鋭く見抜くのは子どもでしょう。

辛　そうだね。

上野　何しろ、私は耶蘇《ヤソ》教徒の娘だったから、それがよーくわかる。私がクリスチャンでないのは、うちのパパがクリスチャンだったから。

つまり、「耶蘇教徒ちゅうもんは、言うこととやることが一致せえへん生き物やな」と思って育ったわけ。タテマエの思想を生きてる人たちは、言ってることとやってることが一致しない現実を生きてる。それを子どもはいちばん見抜いてる。だから二代目が続かないんでしょう。

佐高　きょうだいみんなクリスチャンじゃないの？

上野　うん。

辛　一人も？

上野　うん。

佐高　それもまた見事だね。そういえば、ある牧師の妻の昭和史というのを書いたことがあるけど、娘は自殺しちゃうんだよな。

上野　そうでしょう。それはよくわかります。

佐高　上野さんは自殺しないでフェミニストになった（笑）。

辛　ひどいよ（笑）。

上野　いや、よく言ってくれた。私のフェミニズムはテロリストにならなかった代わりにフェミニストになった、というようなもんですよ。

佐高　生まれ落ちたときに罪があるって言われ、罪を教えられちゃうわけでしょう。それでずっと育てられてきたら自殺したくなるよね。

上野　罪深い存在である自己否定としての死というより、耶蘇教では、自殺は神に背く行いだから、自殺は神に対する最大の反逆であり、父に対する否定ですよ。ああ、何て不幸なご家庭に育ったんでしょう、私って。

●差別される「血」、差別する「血」

辛　うーん。タテマエとホンネかあ。でも、親の考えは否定できても、「血」は否定できないじゃないですか。

しかも、差別される側の「血」は濃い。たとえば、日本人と朝鮮人が結婚する、子どもは朝鮮人と言われる。その子どもが日本人と結婚する。それで、生まれてきた子どもは、四分の一の「血」でも朝鮮人と言われる。

差別される側の「血」は濃くて、マイナスの「血」はやっぱり継承されていくんですね、社会に。

上野　それはそうね。そして、差別する側もまた、きちんと再生産されていくのよね。差別といえば、差別主義の代表のような石原慎太郎。そういえば今日の三人は、石原都政を仇敵にしている者の集まりですね。

辛　あの差別主義はすごいですよね。石原は今、女性たちによって裁判を起こされている。いわゆる「ババア発言」で、「女性が生殖能力を失っても生きてるのは無駄で罪」とまで言った。あの発想はひどすぎ。しかも「松井という先生が言ってることだが」と言って、松井さんの話はぜんぜん違う内容なのに人の言葉を借りて言うのね。巧みで汚い男だよね。

上野　そうそう。もともと石原にその言葉を「引用」されたのは松井《まつい》孝典《たかふみ》さんという東大の先生。でも、ぜんぜん文脈が違うんですよね。

松井さんが言ってるのは、生殖能力を失った雌がその後も生きるようになったのは、文明というものの偉大な功績であり、おばあちゃんの知恵袋というのが人類繁栄のもとになったということを言ってるんだけども、完全にねじ曲げてる。

佐高　ぜんぜん違うじゃない。

上野　そうよ。だから私、あの発言が出たとき、思わず石原発言をコピーして、松井さんにお手紙したの。

辛　聞いたの？

上野　うん。「あなたのご発言がこのように歪曲《わいきょく》されて流通していて、あなたの説であるかのように通用してますが、ここはやっぱりご本人が一言おっしゃらないと誤解を招くんじゃありませんか」と言ったら、「私の関知するところではありません」ってお返事が来ました。

辛　あ、そう。

上野　松井さんのような自然史学者にとっては、一〇年二〇年という時間は「へ」でもないんですよ。東京都の都知事が誰になろうが、自然史的にはもう無に等しいことなのね。あまりに考えることのスケールの大きな人ですから気になさらないんでしょう。

●「僕は弱いから石原支持なんです」

辛　そうか。私なんかは「石原」と聞くだけでメシがまずくなるけど。

上野　私も東京都民は愚民だと思った。よりにもよって青島を選んで、懲りたはずなのに、また人気だけでひどい人間を選んでるんですから。

辛　だけど、この間、ある予備校で講演をしてきたんですよ。そうしたら、その会場で、僕は石原が好きだという受講生が何人か出てきてね。「彼は行動力がある」という言い方をしたから、頭に来ちゃって、「あんた、それは、ドイツの青年が、ヒットラーは行動力があるから僕は尊敬してるって、ユダヤ人に言ったのと同じだぞ」と言ったのね。それで楽屋に行ったら、ついてきて、また言うわけ。そうしたら一緒にいたアメリカ人が怒っちゃって、「公人があんな差別発言をしたら、ヨーロッパでもアメリカでも刑務所行きだ」って言ったんだけど。それで、出ていったからいいやと思ったら、楽屋から出ていくと、まだくっついてくる受講生がいるのよ。

それで、彼は「あなたは何でそんなに強いんですか。僕は弱いから石原が好きなんです」って言うの。

上野　おお、正直な子だね。それってファシズムの温床ね。

辛　そうそう。それで、「自分は弱いから、何もできないから、だから石原のような人にあこがれるんです」と言うわけね。「どうしてあなたはそう思うの」と言ったら、「僕は弱い」と言うの。弱いと言えるやつは本当は弱くないんだぞと思ったんだけど。

そして話を聞いてみたら、彼は、少し前にお父さんが自殺をしてたわけね。しかも、その自殺をしたお父さんというのが、事故で入院していて、家がものすごく荒れたんだって。その状況のなかで、入院先に彼は一度もお見舞いにも行かなかった。母親がずっと見てたと。彼は、大学にちゃんと行って一億か二億、ばーんとうまく金もうけして家に送ってあげれば、家が幸せになるだろうと思った。

だけど、お父さんは自殺した。結局、もう僕は金を稼がなくてもよくなったと言うのね。僕は何もできなかったし、何もしなかったって言うの。それで、雨と見紛うほどの涙がホホを流れたの。

上野　あなたのところに、その告白に来たの。

辛　そう。私、長いこと、石原を支持する人たちを、どちらかというとこてんぱんにたたいてきたでしょう。変な言い方だけど。大概の石原支持者を論破できるだけの理論を、石原との戦いのなかで蓄積しているわけじゃない。だけど、このときはまいった。どういう人がなぜ石原を支持しているのかということに対して、私は多分ものすごく無知だったんだろうなって感じがしたのね。

だから、ああいう若者のような気持ちで支持する層に対して、きちんと言葉を伝えていかないと、延々と石原支持者はふえ続けるだろうと思ったのね。

上野　私は、その話を聞いて、ますます怖くなりましたね。

辛　どういうこと？

上野　今、右翼にけっこう若い人たちがリクルートされてるでしょう。

辛　多いね（笑）。

上野　それも、小心で自分に自信がない人たちがリクルートされてくのよね。自分に自信があったら右翼になんか行かないよ。そのときに、自分にはない、あるいは自分では満たされないような、強力なヒーローを求めるわけでしょう。

アレクサンダー・ミッチャーリヒ※というフロイト左派の学者が、なぜナチズムが成功したかということを『父親なき社会』という本に書いているのよ。現実のお父さんがどんどん弱い存在になっていくと、それで世の中が穏やかになるのではなくて、現実に弱いお父さんをもう見るにしのびないので、それを否定して、もっと強い強力な父の像を、代理シ

ミッチャーリヒ（1908〜82）　ドイツの心理学者・精神科医。ナチス統治のために遅れたドイツの精神分析学の回復に貢献し、正統的なフロイトの精神分析を受け継いで現代社会が個人に及ぼす影響を示した。

ンボルとして求める。

自分に自信がなくて、弱くて、現状に不満のある人ほど、ヒーローを求める気持ちが強いわけじゃない。今、まさにあなたの話したような子たちが、右翼に吸収されていく。

●弱者たちにかける言葉

辛　どうしたらいいかな。

上野　どうしたらいいって、みんな満たされてないから、満たしてあげなきゃしようがないのよ。そんなものなくたって、あなたはちゃんと生きていけるよって。辛さんはそれをやってるわけでしょう。

佐高　何て言ったの、そのとき。

上野　「私の胸でお泣き」とか。

辛　そんな、ないよ、胸が（笑）。そうじゃなくて、私、そのときに「お父さんが好きだったんだね」って言ったの。とても好きな感じがしたの、その若者がね。

そうしたら、また泣いちゃって。私、初めての経験だったから、どう対処していいかわからなくて、「私、今日は一日あなたのお父さんのことを思って過ごすね」と言って、彼と別れたのね。

上野　それって宗教者の言い方みたいね。

辛　そうじゃないけど、でも、なんかせっかく話してくれたから、その日は彼のお父さんのことを思ってあげたいと……。

上野　わかった。私がフェミニズムという世俗的な思想と実践を選んだ理由は、この世の中のことはこの世の中の手段で何とかしようと思ってるからなのね。

あなたは世俗的な言葉でしかそれを表現できないから「今日は一日、あなたのお父さんのことを思ってあげる」と言ったんだろうけども、もしあなたがそれを宗教的な言葉で言うとしたら、「あなたのお父さんのために私は祈るわ」って言うのよ。

辛　ああ……。

上野　耶蘇教徒ならそう言うのよ。宗教家というのは「祈る」というボキャブラリーを持ってるの。そして、その祈るというボキャブラリーを自分に対して禁句にしたのが社会運動家というもんなのよ。そうでしょう。

辛　私はひょっとして、なんかそういう怪しい系統に傾いてるんでしょうかね。

上野　あまりに人生の苦難や悲惨が強いと、もう祈るほかなくなるのでね。それに、あなたはもともと素質があるから。

辛　やめてください（笑）。

上野　ほんと。ユタ※とか、町の拝み屋さんとか、新興宗教の教祖さんになる素質があると思う。カリスマあるし。でも、やっぱりあの世へ向けて祈ってもらったって、世の中、変わらない。

辛　意味がないよね。

上野　やっぱりそのお兄さんも含めて、こっち岸に来てもらって、ちゃんと生きてもらわなきゃいけないじゃない。

辛　何て言えばよかったのかな。

上野　「一緒に生きていこうね」だよ、それは。

辛　ああ、そうか。

佐高　とりあえず胸で泣かせるしかないんだ。

上野　とりあえず泣かしちゃってもいいのよ、それは。

辛　そうだよね。でもあのときは何て言ってあげていいかまったくわからなかったなあ。混乱したし。

ユタ　沖縄および奄美大島に古くから存在するシャーマン。多くの場合が女性であり、運勢を占ったり、死者の魂を呼び寄せて代わりに語るなどの霊的な儀式を司る。

上野　気持ちはすごくわかる。そして、「今日一日、あなたのお父さんのこと、思ってて
あげるね」って、あなたは今日も言ったんだから、ずっと思い続けてるわけね。というこ
とは、別な言葉で言うと、あなたはずっと祈り続けているわけ。その子とその子のお父さ
んのために。

辛　意味がないよな。

上野　やさしいね、辛さんは。でも、祈るって言っちゃったとたんに、向こう岸へ行っち
ゃうんだよ。祈ったって、石原には勝てないんだ。

●コンプレックスとプライドの不思議な関係

辛　たしかにそうだ。石原の気の弱さ、女性へのコンプレックスから生まれる女性蔑視《べっし》発
言というものをきちんと説明していかないといかんよね。

佐高　しかし、石原のなかにもあるんだろうけど、とくに小林よしのりのなかにあると思
うよ、女性コンプレックスみたいのが。

辛　小林よしのりってものすごく女性コンプレックス強いですよね。もてないからじゃな
くて、ちょっとこういう言い方は失礼かもしれないけど、そばにいると学歴コンプレック

スの独特の匂いがあって、それが女性コンプレックスにもつながっているような人だなって感じがするのね。

上野　私、よく知らないの。よく知らないから言うけど、小林よしのりは地位とか組織がなくて、バックにあるのは人気という不安定なものだけね。学歴コンプレックス、女性コンプレックスというのは、要するに、男のプライドを支えるいくつかのアイテムなのよね。

思い出したエピソードがある。北野武さんが、まだ出始めの頃に週刊誌でエッセイを書いていたんだけど、売れなくなって落ちこむと、決まって儀式のようにやることが、手帳を開いて、上から順番にかたっぱしから女に電話をかけるんだって。出なかったら次、つかまるところまでかける。それで、出た女に、「俺は北野武だ、お前をくどいてる暇はない。五分後だか一五分後だかに俺と寝てくれ」って言うんだって。女がやってきたら、それでものすごく救われるんだって。

女は何しに来るかというと、北野武の人格と寝にきてるわけじゃない。「お前をくどいてる暇はない、俺と寝てくれ」だから、北野武というブランドと寝にきてるわけよ。つまり、「北野武ブランド」が、女をベッドに誘うだけの効果があることを確認するのが、落ちこんだときの儀式だっていうわけ。

落ちこんだときに娼婦《しょうふ》を買いにいく男と同じ理屈ね。つまり、傷ついたプライドをいやされるために、必須のアイテムの一つが女なのよ。そう思わない？
辛　思う、思う。
上野　だから、ああ、この人、正直だなと思った。ここまで言うか、とも思ったけど。でも、よくわかるでしょう。
辛　よくわかる。佐高さん、傷ついたとき、どうするの？
上野　どうやっていやされるの？
佐高　傷ついたときねえ。トイレにでも入ってるんじゃないかね。
上野　一人でいやされるのね。誰もいやしてくれないから。
辛　もったいぶらないで教えてくださいよ。本当に傷ついたときってどうしてるんですか。
佐高　この二人を前にして、本当のことをしゃべれるか（笑）。
上野・辛　あははは。

●希望の二世は「強姦から生まれた子ども」

上野　話を元に戻して、最後に言いたいことがあるんだけど。二世っていうと、今までずっとジュニアという文脈でとらえていて、ジュニアの悪口雑言を言ってきたわけですけど、私、希望があると思っているのは、在日とかアメラジアン※とか、それから日系とか、ああいう二世なんですよ。

辛　それはなぜ。

上野　私はまったく無知で、このところやっとわかってきたんですけど、在日という存在は、日本人じゃないのはあたりまえだけど、韓国人でもなく、どちらでもないということがようやくわかったんです。

辛　その通りです。

上野　どちらでもなくて、両方からハズレ者扱いをされてきたわけなんですね。最近はやりのポスコロことポストコロニアリズムという思想があるんですが、ポスコロってなあにということをうまく説明できる人はなかなかいないんです。「先生、よくわかる教科書、ありませんか」と聞かれると、姜尚中《カンサンジュン》さんが本を書いてらっしゃるんですが、「読んでもわからないから読まなくていい」と言ってまして（笑）。

辛　ぶっ。ははは。

上野　よかった、あなたに受けてもらえて、うれしい（笑）。

アメラジアン　アメリカンとアジアンの合成語で、アメリカ人とアジア人を両親に持つ子どもを指し、とくに沖縄においてアメリカ軍人と日本人女性の間に生まれた二重国籍の人々を指す。

佐高　やっぱり友達として、ここで笑っちゃう（笑）。

上野　ポスコロとは何かということを、実にすばらしい表現力で一言で言った人がいるんです。ガヤトリ・スピヴァク※というインド生まれのフェミニストで、この人は「ポストコロニアリズムとは強姦《ごうかん》から生まれた子どもだ」というふうに言った。ずばり、説明抜きにわかるでしょう。

辛　よくわかる。

上野　ココロは何かというと、強姦から生まれた子どもはお父さんともお母さんとも同一化できない、ということです。加害者でもなければ、被害者でもない。自分のなかで加害者と被害者を分離することができない。しかも、お父さんの利害ともお母さんの利害とも子どもの利害は一致しないということなんですよ。このポストコロニアルな人々、どっちにも所属しないわけのわからない存在を日本社会が大量に抱えたということは、すごいことだと思うんです。

この人たちは、どちらかに属することを、断固として、体ごと拒否する人たちでしょう。自分のなかで敵と味方を戦わせるなんてできない。誰が敵で、誰が味方かなんてきっぱり分けることができない。たとえお母さんが犠牲者だとしても、犠牲者のお母さんの利益と、

※スピヴァク（1942～）　インド出身のアメリカの文芸評論家。デリダの翻訳で注目を集め、その後はフェミニズムやポストコロニアル批評で知られている。

自分の利益とは一致しない。

辛さんは日本生まれの日本育ちですか。

辛　ええ。

上野　そうすると、ファーストランゲージは日本語ですか。

辛　日本語です。

上野　バイリンガルですか。

辛　バイリンガルです。

上野　どちらが自由に使えますか。

辛　日本語です。

上野　夢はどっちの言葉で見ますか。

辛　夢は日本語で（笑）。

上野　そうだよね。つまり、あなたは、韓国人としてはにせものだと言われても仕方がない存在でしょう。そのうえ日本人としてもにせものだと言われるわけでしょう。だけども、何が悪いんだ、私はこういう存在だ、こういう存在を生んでしまったのが歴史なんだと言える存在なんです。

辛　強姦されて生まれました。

上野　そうです、その通りです。望んだ関係ではなかったが、でも、できてしまった結果が現にある。たとえば、スピヴァクという女性は、インド育ちなんですが、英語圏で暮らしていて、アメリカの大学で英文学の授業を英語で教えている人なんですね。彼女の頭のなかは、英語的な教養でできているんです。お前のなかで本物のインド的なものは何なんだと言われたら、そんなものあるわけない。実は私たちもそうで、日本のおおかたのいわゆる知識人から西洋的な教養を取り去ったら、その自我は瓦解《がかい》するしかない。

でも、そのようなハンパなというか、もはや分かちがたく融合してしまったような存在として今の世界があるわけだから、そうすると、どっちかにつくことを決めろ、白か黒か、敵か味方かはっきりしろという理屈そのものが、辛さん、あなたがここにいることだけで破綻《はたん》するのよね。だから、私はそういう二世というのは希望だと思っているんです。

●曖昧さの中に答えがある

佐高　今の彼女の話はよくわかる。俺も、二世というのは、ごろ合わせで、にせなんだと思うんだよね。

上野　たしかにね。
佐高　だから、そこにむしろ希望があるという話でしょう。ＪＣが、あの二世たちがにせものなのは、あいつらは自分を本物だと思っちゃってるから。二世、にせもののほうが強いわけですよ。今、本物なんてないわけだし。
　この前聞いた話だけど、※大岡昇平《おおおかしょうへい》さんの『事件』という小説があるよね。あれ、最初、『若草物語』というタイトルだったんだってね。要するに、四姉妹の話だったからでしょう。でも、それではあまりにひどいから、タイトルを変えようという話になって、編集者が言ったのが「真実」だったんだって。
上野　それって暗いよー。
佐高　でも、編集者がそう言ったら、大岡昇平が「絶対嫌だ。そういうえげつないのは嫌だ」と言ったんだって。
上野　大岡さんて立派な人だね。「本質」と「真実」はない。
佐高　だから、そこだと思うんだよ。つまり、二世は、にせに徹するところに、ようやく存在意義がある。
上野　それをはきちがえた二世が、やたら正義をふりかざす。だからブッシュ・ジュニア

大岡昇平（1909～88）　小説家。フィリピンで米軍捕虜となった経験をもとに『俘虜記』を発表。『レイテ戦記』をはじめ戦記文学に大きな足跡を残す。

は、ごく単純に、白か黒か、お前は敵か味方かどっちかはっきりしろと迫ってくる。世界を白と黒に分けるなって言いたいね。

辛　なんでそういうとき、日本の政治家は「私はグレーです」と言い続けないのかと思うのね。

佐高　だから、やっぱりそれはグレーにいすわるには力が要るからでしょう。それに耐えられないんだね。

辛　耐えられない。どちらかに所属するほうがとても楽。弱い者ほど所属したがる。

上野　本当ね。グレーであることは生き延びる知恵なのにね。

佐高　結論、出たね。

辛　うん。グレーは生き延びる知恵か。でもそれにしては、私たちかなり白黒というか好悪が激しい性格だと思うんだけど……（笑）。

佐高　あんまり好き嫌いが激しいのはいけないよ。

上野・辛　佐高さんに言われたくないよ！

佐高　……。コワイからもう何も言わない。帰っていい？（笑）。

辛　しょうがないですね。じゃあこれでおしまいにしましょうか（笑）。

上野　うん。結論は、辛さん、あなたこそが二世の希望、ということで。

辛　うわあ。そうだといいんですけどね。

ケンカのあとに――振り向けば、そこに佐高さん

特段意識していたわけではないが、気がつけば長いお付き合いになっていた。

十数年前にパネルディスカッションで同席したときは、評論家と女性経営者という立場だったため交わることもなかったが、今では記者会見、デモ、集会、対談、食事会、大学、パーティー、卓球と、ありとあらゆるところで同じ空間にいることが多くなった。

差別意識が根底にあるきつい闘いで、周囲がさーっと引いてしまったあと、見渡すと佐高さんと二人だけということがあった。以来、二人きりの記者会見、二人きりの抗議行動、二人だけ集中的に叩《たた》かれるなんてことが、当たり前になった。

家族よりも、恋人よりも、社員よりも一緒にいる場と時間が多い人が、佐高さんなのだ。にもかかわらず、共著を出すのは今回が初めてである。経済評論家としてもその地位を築いた人と、自分のフィールドの話ができたことは、研修屋としてはとてもうれしい対談

だった。

　この対談のために深夜、福岡まで駆けつけてくれた角川書店の編集者の気迫には頭が下がった。また、対談場所を快く提供してくれたカン・キドンさんには、この場を借りてお礼を申し上げます。


　私と佐高さんは、傍《はた》から見れば反権力の同志のように見えるかもしれないが、「朝鮮人」の「無学」な「女」と、「日本国籍」を持った「インテリ」の「男」とでは、受ける重圧は天と地ほども違う。これ以上落ちることも、失うものもない私と、社会的に名声も地位もある佐高さんが同じ視線で声をあげることで、単一民族を標榜《ひょうぼう》するオトコ優位社会からどれほど佐高さんが侮蔑《ぶべつ》の眼差《まなざ》しを浴びせられるかは想像に難くない。

　それでも佐高さんは、構造的弱者と足場を同じくする。そして、その位置から、さまざまな人に合わせて自由自在に昇り降りしていると言ってもいい。

　そのせいか、えっ、この人ともお友達？　と思うことも一度や二度ではない。その幅の広さが柔軟さとなり、ユーモアとなり、佐高さんの魅力となっている。しかし、どんなに仲良く見える相手であっても、権力に擦り寄った瞬間からバッサリ斬るその切っ先の鋭さには、私ですら後ずさりすることがある。実名で相手を斬るという、佐高さんならではの剣さばきには、評論家としての職人気質を感じてならない。

私は、資本主義経済の中で生きているということをきちんと受け止めたいと思っている。どんなに美しいことを言っても、資本主義経済下の経営の基本は、やはりマーケットの拡大である。その延長線上に戦争があり、その構造の中では人間を人間として見る力がそぎ落とされていく。そして、たとえばアスベスト問題のように、利潤に目がくらみ、ちょっとした手抜きや見て見ぬふりをすることで、多くの命が奪われていく。

私が『プロジェクトX』という番組を嫌いなのは、この番組が、限られた工期の中、時には命と引き換えに目標を達成した人々の感動の物語は伝えても、そのような過酷な状況に陥れた経営者の責任を追及することは私が知る限りなかったからだ。

しかし、本当の「経営」とは人間を尊重することであり、人権感覚なくして真に生産性を上げることはできないと私は思っている。

そして、そういう感覚を持って世界各国で活躍している経営者たちを知っている。

資本主義経済が持つ、「弱肉強食」という、競争原理と表裏一体の凶暴性をコントロールできなければ、人の命は奪われ続けるだろう。その第一の責任は政治にある。

政治における弱者救済思想の徹底や、企業の暴走を防ぐための労組の健全化や、そして権力の暴走を防ぐための、反権力としてのジャーナリストの必要性、さらには司法の健全化を強く求めるのは、私たちが生きるこの資本主義社会の健全化のためである。

同時に、私自身、研修屋として職人でありたいと強く思う。

今回、研修の技術的な話に触れることはなかったが、いつか機会があれば、人はいかに多様な能力を秘めているのかを、さまざまな事例をもとに語り合えたらと思っている。


最後に、人生をもう一度やり直せるとしたら誰と一緒に過ごしたいかと問われたら、私の憧《あこが》れの人である作家の目取真俊《めどるましゅん》さんと即答するが、残りの人生を誰と遊びたいかと問われたら佐高さんと答えたい。グループホームの仲間になってもいい（ご本人はかたくなに拒否すると思うが）。

それほど、佐高さんは居心地がいい人だ。

昨年の総選挙で、絶滅危惧《きぐ》種とまで言われた社民党を支え、応援していた姿に、あぁ、佐高さんらしいなぁ、と思った。社会党時代に体を張って民主主義を追求した人たちの思いを背負っているようにも見えた。

しんどいときに駆けつけてくれて、ご飯をご馳走《ちそう》してくれるのも佐高さん。フグをご馳走になったときは、もう死んでもいいと思ったほどうれしかった。他の評論家のように政権側につけばいくらでもビルが建っただろうに、私のために、自ら働いたお金で、しかも年に一度食べられるかどうかという料理をご馳走してくれる。その生き方が、泣けてくる。

「愛球(九)会」という、九条を愛する卓球チームの初試合でスマッシュを見事に決めた佐高さんは、翌日も筋肉痛などまったくなかったという。若さの秘訣《ひけつ》はやはり反権力思想なのだろうと確信した。脱帽。

佐高さんの門前の子ギツネになりたいと思う今日この頃である。

二〇〇六年四月

辛 淑玉

初出

第一章　なぜ日本人は批判をしないのか　「ザ・ベストマガジン」（ＫＫベストセラーズ）二〇〇五年十月号

第二章　批判をしない日本の野党　「論座」（朝日新聞社）二〇〇五年一二月号

第四章　批判されるべき人々　「東京スポーツ」二〇〇五年四月二六日、六月二八日、七月二六日、九月二七日、一一月一日、一一月二九日、一二月二七日

第五章　二世が日本を駄目にする　『辛淑玉の激辛レストラン』（生活情報センター）

以上をもとに再構成し、大幅に加筆をいたしました。

その他は書き下ろしです。

辛淑玉（しん・すご）
1959年、東京都生まれ。1985年に㈱香科舎を設立し、人材育成コンサルタントとして活躍。年間百数十本の研修・講演を行う傍ら、新聞、雑誌、ラジオ、テレビなどあらゆるメディアで論説活動を展開。構造的弱者支援のための活動を様々に実践する。主な著書に「怒りの方法」（岩波新書）など。

佐高 信（さたか・まこと）
1945年、山形県生まれ。慶応義塾大学法学部卒業。高校教師、経済雑誌編集長を経て、評論家として活躍中。現在、「週刊金曜日」を発行する株式会社金曜日の代表取締役社長をつとめながら各媒体に旺盛に記事を発表。権威に寄り添う政治家・文化人たちを一刀両断に切り捨てる明快な語り口には定評がある。

ケンカの作法《さほう》
——批判《ひはん》しなければ、日本《にほん》は滅《ほろ》ぶ

辛《しん》淑玉《すご》　佐高《さたか》信《まこと》

二〇〇六年四月一〇日　初版発行

発行者　田口惠司
発行所　株式会社角川書店
東京都千代田区富士見二—十三—三
〒一〇二—八一七七
振替〇〇一三〇—九—一九五二〇八
電話　営業　〇三—三二三八—八五二一
　　　編集　〇三—三二三八—八五五五

装丁者　緒方修一（ラーフイン・ワークショップ）
印刷所　暁印刷
製本所　BBC

落丁・乱丁本は小社受注センター読者係宛にお送りください。
送料は小社負担でお取り替えいたします。

ISBN4-04-710040-4 C0295　角川oneテーマ21　C-107

A-43
新卒ゼロ社会
――増殖する「擬態社員」
岩間夏樹
定期一括採用を前提に税金・年金徴収を企業が肩代わりするシステムが危ない！ 40年に亘る「新入社員意識調査」から見えてくるニートやひきこもりを超えた大問題。

A-44
まる儲け！
――商売成功のための極意
大田 勝
話題の通販化粧品会社を率いる社長の商売が成功するための教訓。「成功する人間」は何が違うのか？ 人生と仕事で〝まる儲け〟するための心構えとは何か？

A-45
巨人軍論
――組織とは、人間とは、伝統とは
野村克也
すべての戦略、戦術のノウハウは巨人軍に隠されている――。強い球団と弱い球団の差とは？ 楽天を指揮する名匠の前代未聞の巨人軍分析！

A-46
〈旭山動物園〉革命
――夢を実現した復活プロジェクト
小菅正夫
日本最北の旭山動物園が上野動物園の月間の入場者数を抜いて日本一になった。その再生に隠された汗と涙の復活プロジェクトを初めて公開！

B-78
うなぎでワインが飲めますか？
――そば、てんぷら、チョコレートまでのワイン相性術
田崎真也
世界一のソムリエが伝授するワインと料理の絶妙な相性術。ふぐ、キムチ、餃子から生ガキ、チョコレートまで、楽しくワインを味わうためのアドバイスが満載！

B-79
贅沢な出張 全国鉄道ガイド
――最新グリーン車案内
川島令三
たまの出張はグリーン車利用で「ちょっと」贅沢気分。毎日の通勤も通勤ライナーで快適時間に。最新の鉄道車両ガイドとビジネスに使える豆知識・裏知識！

C-54
日本システムの神話
猪瀬直樹
日米戦争直前、日本は敗戦の予想を的確に出していた。が、東條英機はその数字を採用せず開戦。現在の日本の状況は、敗戦直前と同じ。繰り返される過ちの原因に迫る。

A-22
一〇〇歳までの上手な生きかた
稲垣元博

夫や妻を寝たきりにせず、健康で楽しく老後を過ごすためのエッセンスが満載。医師である著者が、自ら実践する〈一〇〇歳まで生き抜くための健康法〉を公開する。

A-23
テロと家族
中日新聞・東京新聞取材班

世界を震撼させた米国テロ事件。その背後で様々な命と家族の絆が砕け散っていった。中日新聞にて長期連載され、『日本新聞協会賞』を受賞した感動のノンフィクション。

A-24
警察官の現場
――ノンキャリ警察官という生き方
犀川博正

警察官に課される熾烈なノルマ、過酷な労働事情、不当な評価システム、自浄作用の及ばぬ密室体質……勤続30年の著者が明かした隠された警察現場の実態レポート。

A-25
大往生の条件
色平哲郎

長野の無医村に赴任した医師が、村の住民から学んだ老後の生き方と看取りの作法。そして「ピンピンコロリの大往生」とは。現代日本の医療問題を考えさせる一冊。

A-26
快老生活の心得
齋藤茂太

いきいき老いるための秘訣は身近なところに隠れている。ちょっとした意識改革で老後が楽しくなる。精神科医にして「快老生活」を満喫する著者の快適シニア・ライフ術。

A-27
勝負師の妻
――囲碁棋士・藤沢秀行との五十年
藤沢モト

アル中、女性、ギャンブルなど放蕩三昧の生き方を貫いた天才棋士・藤沢秀行。そのもっとも恐れる妻が明かした型破りな夫婦の歩みと、意外な人間像を描いた一冊。

A-28
五〇歳からの人生設計図の描き方
河村幹夫

ちょっとした知恵で人生が劇的に変わる。「週末五〇〇時間活用法」で毎日を有効に使いませんか。納得できる人生最終章の夢を実現しよう。まだ、間に合います！

A-29
老い方練習帳
早川一光
よりよく老いるためには、ちょっとしたコツがあります。毎日の生活、夫と妻、家族、嫁、孫まで。老いるための心構えのための練習帳。年を重ねるのが楽しくなります。

A-30
スルメを見てイカがわかるか！
養老孟司
茂木健一郎
「覚悟の科学者」養老孟司と「クオリアの頭脳」茂木健一郎がマジメに語った脳・言葉・社会。どこでも、いつでも通用するあたりまえの常識をマジメに説いた奇書！

A-31
日本はなぜ敗れるのか
――敗因21カ条
山本七平
生き残るためにどうすればよいのか。マネー、外交、政治、このままでは日本は敗れる。失敗を繰り返す現代の日本人への究極の処方箋。日本人論の決定版を発掘！

A-32
日本人とユダヤ人
山本七平
ユダヤ人との対比というユニークな視点から書かれた卓越な日本人論。日本の歴史と現代の世相についての豊かな学識と鋭い視点で描かれた日本人論の決定版を復活。

A-33
適応上手
永井　明
老人介護、更年期、リストラ、登校拒否……日頃抱えている心のもやもやに、いますぐ効きます！　社会に過剰適応しすぎた悩める現代人に贈る、生き方の万能処方箋。

A-34
ツイてる！
斎藤一人
本年度納税額第一位の億万長者が最強の成功法則を伝授する。金運上昇のコツから人生の楽しみ方まで異色の哲学には思わず頷く！

A-35
人間ブッダの生き方
――迷いを断ち切る「悟り」の教え
高瀬広居
不安と迷いの心を解き放つ、ブッダ（お釈迦さま）不滅の教えと叡智。仏教界ナンバー1のカリスマ論客が綴った、仏教入門の決定版。

A-36
養生の実技
——つよいカラダでなく——
五木寛之
無数の病をかかえつつ、五〇年病院に行かない作家が徹底的に研究し、実践しつくした常識破りの最強カラダ活用法を初公開します！

A-37
老いかた道場
早川一光
「人生最終章」を楽しく、元気に生き抜くためのコツとは？　マスコミで話題沸騰の「わらじ医者」の生きかた説法！〈実践編第2弾!!〉

A-38
リストラ起業家物語
——クビ、失業から這い上がった8人
風樹　茂
解雇、倒産、借金…。人生のどん底からリベンジして見事に起業に成功した8人から得る実践的教訓。〈66か条の起業成功と失敗の法則〉付き。

A-39
抄訳版　アメリカの鏡・日本
ヘレン・ミアーズ
訳＝伊藤延司
GHQ最高司令官マッカーサーが日本での翻訳出版を禁じた衝撃の書。何が日本を勝てない戦争に追い込んだのか？　戦後六〇年緊急復刊。

A-40
憲法力
——いかに政治のことばを取り戻すか
大塚英志
「憲法力」とは「ことば」への信頼である。「ことば」を裏切り続けた政治を前に「有権者」が憲法を考える力とは何か？

A-41
健全な肉体に狂気は宿る
——生きづらさの正体
内田　樹
春日武彦
今日から「自分探し」は禁止！　生きづらさに悩む現代人の心を晴れやかに解き放つヒントを満載。精神と身体の面から徹底的に語り尽くした説教ライブ！

A-42
「ジャパニメーション」はなぜ敗れるか
大塚英志
大澤信亮
戦前のハリウッド・ディズニーの模倣、戦争と透視図法、萌え市場、国策とジャパニメーションまで徹底分析。まんが／アニメの本当の姿とは何か？

B-64
仕事の会話100
—すぐに英語で言えますか？
晴山陽一
日本初の会話のキャッチボールに焦点を当てた実戦的学習書。一つの質問に三通りの答えを収録、どんな場面でも対応できる英会話能力の向上を目指す。

B-65
上機嫌の作法
齋藤　孝
「上機嫌」は、円滑なコミュニケーションのための技！人間関係力を劇的に伸ばすための齋藤流〝上機嫌の作法〟がみるみる身につく！　生き方の変わる一冊。

B-66
古寺歩きのツボ
——仏像・建築・庭園を味わう
井沢元彦
作家・井沢元彦が、古寺歩きのツボをやさしく伝授。歴史に通じた著者ならではの解説で、楽しく深い古寺歩きの知識があなたのものに！

B-67
ナンバ式快心術
矢野龍彦
長谷川智
潜在能力を引き出す「ナンバ走り」を支える心の動かし方とは何か。ナンバ式休養法、睡眠法、食事法から、無理をしない、しなやかな心を育てる。

B-68
五〇歳からの頭の体操
多湖　輝
もう一度、固い脳を柔らかく！　物忘れ度、ボケ度から好奇心度まで、あなたの脳の診断をしてみませんか？熟年版の「頭の体操」！

B-69
ビジネス英語三〇日間で交渉力強化！
——模擬試験四〇〇題で劇的実力アップ
長尾和夫
アンディ・バーガー
バランスのとれた英語常識力をつける！　語彙、会話、英作文、読解などビジネス交渉で誤解を招かないための実力テスト四〇〇題。

B-70
五〇歳からの定年準備
河村幹夫
団塊世代の定年予定表を作ろう。定年一歩手前、何を準備すべきか。〝納得できる〟第二の人生のすすめ。

B-71
旅行の会話100
―すぐに英語で言えますか？
晴山陽一
旅先で外国人と楽しく会話を楽しむ実戦的入門書。三パターンの会話例を収録。最高の英語力の構築を目指す。

B-72
マジックの心理トリック
―推理作家による謎解き学
吉村達也
だからあなたはダマされる！　人気の推理作家による観客側から書いた初めてのマジック・ブームの「謎」大研究！

B-73
頭がいい人の「自分を高く売る」技術
樋口裕一
頭がいい人、悪い人の差のつき方を解説。頭が良くなる、頭を良くみせるためにはどうしたらよいか、達人たちが実践するマル秘テクニックを独占公開！

B-74
外国人にYESと言わせる話し方、接し方
―成功するビジネスマナー20の心得
宇佐美公孝
「何でも一番」が好きなアメリカ人と、「我々こそ世界の中心だ」と思っているフランス人を相手にするには？　外国人の生態から学ぶ、国際社会で役立つ交渉術！

B-75
大人のための読書法
和田秀樹
精神科医、和田秀樹が初めて綴った読書論。効率的に短時間で最大限の知識を得るための特別な読書法を説く。著者が推薦する書籍紹介も。

B-76
人にいえない仕事はなぜ儲かるのか？
門倉貴史
世の中でひそかに続けられる危ないビジネス・テクニックの数々を解説。野球選手からさおだけ屋、ドラッグ密売まで、合法、違法の儲けのカラクリを徹底公開。

B-77
超実践！　ブログ革命
―共感が広がるコミュニティ作り
増田真樹
ブログを継続するコツ、読者を増やすツボ、ビジネス活用のヒントなどを明快に解説。個人と個人がつながっていく、進化したコミュニケーションとは？

C-85
フランスの「美しい村」を訪ねて
――パリから出かける小旅行
辻　啓一

「フランスの最も美しい村々」協会が認定した村から26を特別に厳選！　中世の薫りが漂う美しい田舎の旅情が楽しめる、カラー写真も満載です。

C-86
海から知る考古学入門
――古代人との対話
森　浩一

古代、人や物の移動はどのように行われたか？　海の道から「日本列島のかたち」に迫り、畿内中心史観の誤りをただす。古代史の第一人者による書き下ろし入門。

C-87
歴代首相の経済政策　全データ
草野　厚

東久邇稔彦王から小泉純一郎まで、戦後に首相を務めた全二七人の経済政策を分析。奇跡の経済復興を遂げた日本がなぜ借金大国へ転落したのか検証する。

C-88
精神科外来
――医者とくすりと家族にできること
大森徹郎

うつ、パニック、脅迫、ＰＴＳＤなど精神病の症状は時代と共に変化する。精神科の現役医師が提言する「精神科外来」の現実とは。

C-89
犯罪者プロファイリング
――犯罪を科学する警察の情報分析技術
渡辺昭一

放火、連続殺人、強姦、誘拐など、社会を震撼させる凶悪事件の「犯人データ」を、心理学や統計学を駆使して徹底分析。元科学警察研究所部長が明かす捜査の最前線。

C-90
世界遺産　高句麗壁画古墳の旅
全　浩天

高句麗美術の真髄が一堂に会する、世界初のハンドブック。高松塚古墳・キトラ古墳の源流がわかる。秘蔵写真100点収録！

C-91
統合医療でガンを防ぐ、ガンを治す
星野泰三

大病院で「余命半年」とされたガン患者を次々と救う医師が書いた統合医療の解説書。患者にあった治療法で「自然」に「気持ちよく」治す方法を説く。

C-92
戦艦大和　復元プロジェクト
戸高一成

全長26m、空前のスケールで巨大戦艦をよみがえらせた男たちのドキュメント。新発見の写真資料を含む図版満載、半藤一利氏との特別対談を収録。

C-93
中高年のための株「ネット・トレード」入門
田中勝博

英国・シティで活躍した著者の株式インターネット・トレード入門書。独自のチャート分析で「儲ける」「成長する」企業をくまなく抽出。

C-94
南の島で、暮らそうか！
バンガートめぐみ

癒しの島で暮らしてみませんか？　沖縄や鹿児島の離島生活のコツ、島選び、移住計画の実用情報までを移住成功者たちの実例を紹介しながら伝授します。

C-95
決断力
羽生善治

将棋界最高の頭脳の決断力とは？　天才棋士が初めて公開する「集中力」「決断力」のつけ方、引き込み方の極意とは何か？　30万部の大ベストセラー超話題作！

C-96
列車で巡るドイツ一周世界遺産の旅
野田　隆

ベルリンの博物館島、ドレスデンのエルベ渓谷……魅力的なドイツの世界遺産を、自由気ままに巡る鉄道の旅。カラー写真満載で、車窓気分も満喫できます！

C-97
高血圧は薬で下げるな！
浜　六郎

降圧剤には寿命を縮める危険がある。薬を使わずに血圧を下げるためのさまざまなアドバイスから、やむなく使う場合の正しい薬の選び方までを詳しく紹介。

C-98
秘湯、珍湯、怪湯を行く！
――温泉チャンピオン6000湯の軌跡
郡司　勇

究極の温泉を求めて人生を捧げた著者が、豊富なカラー写真と共に描く温泉讃歌。野湯、泥湯のほか、奇臭湯や廃屋湯といった奇怪な温泉にも、果敢に挑戦！

角川oneテーマ21

C-99
巨大地震
――首都直下地震の被害・防災シミュレーション
坂　篤郎　監修
地震減災プロジェクトチーム

巨大地震は必ず起こる！　政府発表の地震予測、災害規模の詳細なデータを初公開。「企業のための事業継続チェックリスト」を添付。地震対策マニュアルの決定版！

C-100
東京・同時多発テロ
――日本攻撃計画シミュレーション
林　信吾

高架から新幹線の線路へ突如落とされる重機、金融機関を麻痺させる共同溝の多発火災……。首都・東京でのテロの可能性と関係機関の対策を徹底検証する！

C-101
路上観察で歩くパリ
稲葉宏爾

空きビンのリサイクルになぜか熱心、ビジネスチャンスを逸しても休息優先……。パリの不可思議を軽妙な筆致と写真で描く、教科書にはないフランス文化論！

C-102
ホテル戦争
――「外資VS老舗」業界再編の勢力地図
桐山秀樹

超高級外資系ホテルの、東京進出ラッシュ裏事情とは？　ブランド力を誇る外資と、それを迎え撃つ国内既存組の戦い。すべてのサービス業に通じる勝利の条件とは⁉

C-103
人民元改革と中国経済の近未来
榊原英資

「ミスター円」と呼ばれた元大蔵省財務官が綴った初めての本格的中国論。人民元改革から中国経済の未来、日中関係のあり方まで、この一冊を読めば全てわかる。

C-104
女子フィギュアスケート
――氷上に描く物語
八木沼純子

カルガリー五輪元代表、プロフィギュアスケーターである著者が、現役時代の体験をもとに「世界最強」のメンバーを誇る日本女子の姿を追う。

C-105
世界の不思議な家を訪ねて
――土の家、石の家、草木の家、水の家
小松義夫

岩にはさまれた家、空中都市を思わせる高層住宅など、地図と勘を頼りに世界中の〝難所〟に挑む。「住む形」に魅了された著者の、カラー写真を満載した取材秘話。